ドイツ語会話トレーニング

SANSHUSHA　　　　　　　　久保川尚子 著

はじめに

　本書は1999年度第1号(4月号)から2000年度第11号(2月・3月合併号)まで，月刊雑誌「基礎ドイツ語」の会話のコーナーに掲載した項目の中から12の項目を抜粋し，新たに説明と練習問題を加えてまとめたものです。

　文法の説明を最小限にとどめ，シチュエーションに応じた表現の説明と練習に重点を置いています。「言いたいことはあるのに，ドイツ語がなかなか出てこない」「通じない」という経験は誰にもあり，日本でドイツ語を学習する私たちには，ドイツの生活環境が身近にないため，日本語の単語や文を頭の中でドイツ語に「置き換える」作業をしがちです。けれども，日独間には文化の違いがあり，人と話をする際の姿勢や物事の伝達の仕方にも違いが多くあります。たとえば，人に何かを贈るときに，日本では「つまらないものですが…」と言うことがありますが，これを直訳して，「つまらない」という形容詞 langweilig を使うと，ドイツ人は怪訝な顔をするでしょう。そのような違いを認識したうえで会話をすると，よりドイツ語らしい会話ができるようになります。

　また会話ができるようになるためには，「この場面ではこの表現」と，基本の表現をおぼえてしまうと，応用がきくようになります。本書の会話を何度も聞き，口に出しておぼえていくことによって，そのお手伝いができればと思います。

　本書の各課は，シチュエーションとそれぞれの解説，および重要表現と練習問題から構成されています。各シチュエーションの下には日本語訳を記していますが，直訳ではなく，ドイツ語表現に対応する日本語訳をつけているため，日本語とドイツ語の文が一語一語は必ずしも一致しないことがあります。これは「ドイツ語で表現する」という点においては大切なことですから，文と文ではなく，表現と表現を対比してください。Tipps では，簡単なドイツ事情を紹介しています。それでは Viel Spaß!

目次

はじめに・・・・・・・・・・・・・・・・・・・・・・・・・・・・・・・3

Lektion 1
はじめまして－初対面のあいさつ－ ・・・・・・・・・・・・・・6

Lektion 2
ありがとう－お礼を言う－ ・・・・・・・・・・・・・・・・・・16

Lektion 3
よろしく・どうも－ドイツ語に訳しにくい表現－ ・・・・・・24

Lektion 4
喜んで！－人を誘う・その返事－ ・・・・・・・・・・・・・・34

Lektion 5
なんとおっしゃいましたか？－聞き返す－ ・・・・・・・・・・44

Lektion 6
おいくらですか？－買い物をする－ ・・・・・・・・・・・・・54

INHALT

Lektion 7
まだ届いていないのですか？ーお情を言うー 64

Lektion 8
仕事は辞めないほうがいいよーアドバイスをするー 74

Lektion 9
お先に失礼しますー会話を終えるー 84

Lektion 10
おめでとうーお祝いの言葉ー 94

Lektion 11
ケーキをお願いしますーカフェ・レストランでの会話ー ..104

Lektion 12
久しぶりね。どうしてた？ー過去のことを話すー 114

はじめまして
― 初対面のあいさつ ―

この課のねらい

　初対面の人にあいさつをする―これは洋の東西を問わず重要なことで，第一印象でこれからの人間関係が決まるかもしれません。ここでは文法的なことよりも，自分から話しかけるときや話しかけられたときのあいさつをおぼえます。また，相手によってあいさつを使い分けてみましょう。

CD-2　**Situation 1**　社員食堂 (*e* Kantine) での会話です。

◇ **Guten Tag**, ist hier noch frei?
● Ja, bitte! Sind Sie neu hier?
◇ Ja, **ich heiße Christian Maier**.
● **Annette Brinkmann. Angenehm!**
◇ **Angenehm!**

　◇ こんにちは。ここ，空いていますか？
　● ええ，どうぞ。新しく入った方ですか？
　◇ そうです。クリスティアーン・マイアーと申します。
　● アンネッテ・ブリンクマンです。はじめまして。どうぞよろしく。
　◇ こちらこそ。

解説

会話の第一歩は Guten Tag!「こんにちは」です。初対面で，Sie で話す間柄では，Guten Tag! に対する返事は Guten Tag! です。次ページに出てくる Hallo! は，あくまでも学生同士や友人など，du で話す間柄，または Sie でもよく知っている人に対して用いる表現です。

「…と申します」は Ich heiße ... と言います。目上の人など，改まった相手には Mein Name ist ... を使うのがよいでしょう。その場合はフルネーム，または姓だけを言います。

- ○ Mein Name ist Christian Maier.
- ○ Mein Name ist Maier.
- × Mein Name ist Christian.

相手が名乗って，自分も名前を言うときには Ich heiße を繰り返す必要はありません。Annette Brinkmann. と名前だけで十分です。

「どうぞよろしく」は Angenehm!。また Angenehm! と言われたら同じように Angenehm!，または Ganz meinerseits! と返します。Angenehm! の代わりに，Freut mich! と言うことも多くあります。これに対する返事は，Freut mich auch! (**Situation 3**) です。

Tipps

Angenehm! というところで握手をすると，完璧ですね。一般には目上の人，女性から手を差し出すと言われます。しかし，この場合は「同僚」なので，どちらが握手を求めてもかまいません。

CD-3 Situation 2　今度は学生同士が学食 (*e* Mensa) で会話を始めます。学生同士なので，少しくだけた言い方をしています。

◇ **Hallo**, ist hier noch frei?
● Ja, bitte! **Wir kennen uns ja noch gar nicht, oder?**
◇ Nein. Ich bin Annette.
● Und ich bin Christian. **Hallo!**
◇ **Hallo!**

◇ こんにちは。ここ，いいかしら？
● ええ，もちろん。はじめて会うよね？
◇ ええ。私，アンネッテていうの。
● 僕はクリスティアーン。よろしく。
◇ こちらこそ。

解　説

　学生同士の会話は，初対面でもふつう du を使います。その場合，Guten Tag! ではなく，Hallo! と言います。

　「はじめて会うよね」「まだ会ったことないよね」は Wir kennen uns ja noch gar nicht, oder? (直訳：私たちはまだお互いに知りませんよね?) と言います。文末に oder? をつけると，「…ですよね?」という意味になります。
　この場合，nicht という否定詞が入っているため，「そうですね」と相手に同意する場合は „Ja." ではなく „Nein." となりますので，注意してください。

　du で話す間柄の場合には，ファーストネームだけを言うことが多くなります。この場合，Ich heiße ... と言ってもいいですし，Ich bin ... と言うこともできます。ただし，du を使う場合には前述の Mein Name ist ... は使いませんので注意してください。

　　○ Ich heiße Christian.
　　○ Ich bin Christian.
　　○ Ich heiße Christian Maier.
　　× Mein Name ist Christian.

　du で話す間柄で「よろしく」と言う場合は，Hallo! で十分です。それに対する返答も Hallo! です。その場合は，相手の目を見て少し会釈をして言うといいでしょう。

Situation 3　新しく入った職場で，特定の人にあいさつをする会話です。

◇ **Darf ich mich vorstellen? Mein Name ist Dieter Baumann**. Ich bin neu in der Entwicklungsabteilung.
● Ach, Sie sind unser neuer Kollege! Ich heiße Ilona Graf. **Freut mich, Herr Baumann!**
◇ **Freut mich auch!**
● Na dann: **Auf gute Zusammenarbeit!**

◇ すみません。自己紹介させていただきます。ディーター・バウマンと申します。新しく開発部に入った者です。
● あら，あなたが新しく入った方ですね。私はイローナ・グラーフです。よろしく，バウマンさん。
◇ こちらこそ。
● 今後ともどうぞよろしく。

解説

　職場でも，引っ越し先でも，「ごあいさつさせていただきます」と言うことがよくありますが，その場合に使うのが Darf ich mich vorstellen? です。これは，直訳すると「自己紹介をしてもよろしいですか」となりますが，相手の意向を尋ねているわけではありません。「自己紹介させてくださいよ」という話し手の意向を伝え，また話のきっかけをつかむ便利な表現です。Ich möchte mich gern vorstellen. と言うこともできます。

　「新しく入った者です」は Ich bin neu. と言います。「ここに新しく入った者です」だと，最後に hier をつけます。**Situation 1** では，Sind Sie neu hier?「あなたはここに新しく入った方ですか？」と尋ねていましたね。
　新入社員のほうは，少しかしこまって Mein Name ist ... と言っています。それに対して，先輩は Ich heiße ... と言っています。Ilona Graf. だけでもかまいません。

　「よろしく」または「はじめまして」は，ここでは Angenehm! の代わりに Freut mich!(直訳：[お会いできて] うれしく思います) と言っています。通常はこのときに握手を求められますから，そうしたらすぐに手を出しましょう。これに対する返答は，「私もお目にかかれて光栄です」という意味で Freut mich auch! となります。

　仕事場で「今後ともどうぞよろしく」と言う場合は，Auf gute Zusammenarbeit!(直訳：よい共同作業ができますように) と言うこともできます。

重要表現

「こんにちは」「はじめまして」

 (Sie) Guten Tag! — Guten Tag!
 (du) Hallo! — Hallo!

「自己紹介させていただきます。私は…と申します。」

 Darf ich mich vorstellen? Mein Name ist ...
 Guten Tag! Ich möchte mich gern vorstellen. Mein Name ist ...

「まだお会いしたことないですね。私は…です。」

 Wir kennen uns noch gar nicht. Ich heiße / bin ...

「はじめまして。よろしく。」－「こちらこそ」

 Angenehm! — Ganz meinerseits!
 Freut mich! — Freut mich auch!

発音

Situation 2 に Wir kennen uns ja noch gar nicht, oder? という表現がありました。これは英語の *tag question* (付加疑問文) にあたり,「…ですよね？」という表現です。Wir kennen uns ja noch gar nicht. と否定を表す語 nicht があるため, oder? となっていますが, 前文に否定詞がない場合は nicht wahr? を使うこともできます。oder? も nicht wahr? も上昇調で尋ねます。

Wir kennen uns ja noch gar nicht, oder?

Sie sind Herr Maier, nicht wahr? あなたはマイアーさんですよね？

Übung

CD-7 **1** ドイツ人の名前

姓は Herr か Frau でその人が男性か女性か区別がつきますが，名前はどのように区別すればよいのでしょうか？ 以下の例を見て，下の空白を埋めましょう。

男性		女性	
Tobias	トビーアス	Julia	ユーリア
Alexander	アレクサンダー	Alexandra	アレクサンドラ
Christian	クリスティアーン	Christiane	クリスティアーネ
		Christina	クリスティーナ
		Christa	クリスタ
Peter	ペーター	Petra	ペートラ
Stephan	シュテファン	Stephanie	シュテファニー
Kai	カイ	Brigitte	ブリギッテ

名前の最後に -a, -e がつくと **1)** ＿＿＿＿＿ 性の名になります。
例外：Hauke ハウケ，Uwe ウーヴェ ➡ **2)** ＿＿＿＿＿ 性の名

CD-8 **2** 次の会話の日本文にあてはまるドイツ語を選択し，（　）内に ✓ 印を入れましょう。

1. ◆ Hallo! Bist du neu hier?
　　○ Ja.
　　◆ Ich heiße Tobias.
　　○ 私はユーリアっていうの。
　　　a. (　) Mein Name ist Julia.
　　　b. (　) Ich bin Julia.

┌─ Tipps ─────────────┐
│ ドイツではあてはまるものに○ │
│ ではなく，×や✓をつけます。 │
└──────────────────┘

2. ◆ Guten Tag, ich möchte mich vorstellen.
　　　Ich bin Ihr neuer Nachbar.
　　　アレクサンダー・ヴェッセルスと申します。
　　　a. (　) Mein Name ist Alexander Wessels.
　　　b. (　) Ich bin Alexander Wessels.
　　○ Ich heiße Prange. Freut mich, Herr Wessels!

CD-9 **3** 次の日本文にあてはまる表現を選んで，（　）内に✓印を入れましょう。正しい解答は1つとは限りません。

1. こんにちは。君はタイから来たの？
    a. (　) Guten Tag! Kommst du aus Thailand?
    b. (　) Hallo! Kommst du aus Thailand?
2. はじめまして。ごあいさつさせていただきます。
    a. (　) Guten Tag! Darf ich mich vorstellen?
    b. (　) Hallo! Darf ich mich vorstellen?
3. 私はシュミットと申します。
    a. (　) Ich bin Schmidt.
    b. (　) Mein Name ist Schmidt.
    c. (　) Ich heiße Schmidt.
4. 僕はフランクって言うんだ。
    a. (　) Ich bin Frank.
    b. (　) Ich heiße Frank.
    c. (　) Mein Name ist Frank.

CD-10 **4** 次の答えの質問を下から選んで書きましょう。

1. ◆ Guten Tag! _____ ?
   ○ Ja, bitte!

2. ◆ _____ ?
   Ich heiße Müller.
   ○ Mein Name ist Schmidt. Freut mich, Herr Müller!
   ◆ Freut mich, Frau Schmidt!

3. ◆ _____ ?
   ○ Nein, noch nicht. Ich bin Jana. Hallo!
   ◆ Und ich bin Hauke. Hallo!

Wir kennen uns noch nicht, oder?

Darf ich mich vorstellen?　　　　　　　　Ist hier noch frei?

14

> 解答

1 1. 女 (性)   2. 男 (性)
2 1. b.   2. a.
3 1. b.   2. a.   3. b., c.   4. a., b.
4 1. Ist hier noch frei?
   2. Darf ich mich vorstellen?
   3. Wir kennen uns noch nicht, oder?

> 訳例

4 1. ◆ こんにちは。ここ，空いていますか？
      ○ ええ，どうぞ。
   2. ◆ ごあいさつさせていただきます。ミュラーと申します。
      ○ シュミットと申します。はじめまして，ミュラーさん。
      ◆ はじめまして。
   3. ◆ 僕たち，はじめて会うよね。
      ○ ええ。私はヤーナっていうの。はじめまして。
      ◆ 僕はハウケ。よろしく。

Tipps

　Sie は「敬称」，du は「親称」で，一般に日本語での「です・ます」調で話す相手とは Sie，「〜だ」調だと du で話します。du は家族・親戚(しんせき)間，友人や学生同士で使われ，その他は Sie で話します。

　子どもは幼稚園では du を使い，小学校に入ってはじめて，先生に Sie で話すことをおぼえます。15〜16歳までの子どもに対して大人は du を使いますが，大人同士ではどちらか一方が du で，もう一方が Sie で話すということはまずありません。

　最初に Sie で話していても，しばらくして打ち解けてくると目上の人や女性のほうから「du で話しましょう」と提案します。du から Sie へ戻ることもまずありません。

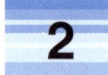

あриがとう
— お礼を言う —

この課のねらい

　人間関係を潤滑にする表現のひとつに，「ありがとう」があります。ドイツやドイツ語圏に行ったら，予想以上に人にお世話になることがあるものです。そんなときには，心をこめてお礼を言いたいものですね。お礼の基本は Danke! です。これだけでも十分通じますが，感謝の気持ちを表すにはほかの表現もあります。ここでは，お礼の表現をおぼえましょう。

CD-11　**Situation 1**　一緒に食事をしている人に，自分では手が届かないところにあるコショウをとってもらいます。

◇　Gibst du mir den Pfeffer, bitte?
●　Hier, bitte schön!
◇　**Danke schön!**
●　Bitte!

◇　ごめん，コショウをとってもらえる？
●　はい，どうぞ。
◇　ありがとう。
●　どういたしまして。

16

| 解 | 説 |

　最初の「ごめん」は，謝っているのではなく，呼びかけです。ドイツ語では bitte! / bitte? を使って表すことができます。この bitte! というのは，このように呼びかけのときの表現のほか，「どうぞ」や「どういたしまして」という場合にも使われます。

　一般に，Danke schön! に対する返答として Bitte schön! を用いることが多いのですが，「はい，どうぞ」とコショウを渡したときに Bitte schön! を使っているので，Bitte schön! — Danke schön! — Bitte schön! と言うとくどい感じがします。そのため，ここでは最後は Bitte! だけですませています。

　Danke [schön]! と言うのは，Ich danke [Ihnen schön]! のことで，danken「感謝する」という動詞です。
　それに対して Vielen Dank! の Dank は名詞で，Haben Sie vielen Dank! のことですから，この Dank は常に大文字となります。
　また，Danke schön! の代わりに Danke sehr! と言うこともできます。それに対する答えは Bitte! または Bitte sehr! となります。

CD-12　**Situation 2**　ドイツ人の家庭に招待されて，楽しい時間を過ごしました。おいとまするときに，「ご招待ありがとうございました」とお礼を言いましょう。

◇ **Vielen Dank für Ihre Einladung!**
● **Gern geschehen!** Kommen Sie gut nach Hause!
◇ **Danke!**

◇ ご招待ありがとうございました。
● どういたしまして。気をつけてお帰りください。
◇ ありがとうございます。

CD-13　**Situation 3**　道で切符を落としました。気づかずに行こうとすると，通りかかった人が教えてくれました。

◇ Hallo, ist das Ihre Fahrkarte?
● Oh, ja. **Danke vielmals!**
◇ **Keine Ursache!**

◇ もしもし，この切符はあなたのものですか？
● ええ，そうです。どうもありがとうございます。(助かりました。)
◇ どういたしまして。

解説

何かしてもらったことに対して具体的にお礼を言うときには，**前置詞 für + 4格**を使います。

  Danke für die Blumen! お花をありがとう。

  Danke für das schöne Geschenk! 素敵な贈り物をありがとう。
            (結構な物をいただきまして。)

  Danke für Ihren Anruf! お電話ありがとうございました。

「ご招待ありがとうございました」とか「どうもお邪魔しました」と言うと，日本ではよく「いいえ，おかまいもしませんで…」と返しますが，ドイツでは，「喜んでしました」という表現を使います。また，最後の Danke! に対しては特に何も返す必要はありません。きりがなくなりますからね。

Situation 3 のように，「なんとお礼を言っていいかわかりません」という気持ちをこめて，Danke vielmals! と言うことができます。それに対して，「いいえ，それにはおよびません」という意味で Keine Ursache! と言っています。そのほか，Nichts zu danken! と言うこともできます。
 Bitte! 以外にも，いろいろな表現を使って「どういたしまして」と言うことができますね。
 お礼を言われたときには，これらの表現を用いてすぐに反応しましょう。

CD-14　**Situation 4**　お店に入って，いろいろなことを尋ねた後，ようやく買うものが決まりました。店員さんにお礼を言って帰ります。

◇ So, das nehme ich dann.
● Gern! Das macht 30 Euro, bitte!
◇ Bitte sehr!
● 20 Euro zurück! **Ich danke Ihnen!**
◇ **Ich danke Ihnen!**

◇ では，これにします。
● わかりました。30 ユーロです。
◇ はい。
● 20 ユーロのお返しです。どうもありがとうございました。
◇ こちらこそ。

CD-15　**Situation 5**　招待されたお家に花束を持っていきました。

◇ Frau Miehle, das ist für Sie!
● Wie schön! **Das ist aber sehr nett von Ihnen!**

◇ ミーレさん，これ (花束) をどうぞ。
● きれいだこと。ご丁寧に，ありがとうございます。

解説

　Situation 4 の Ich danke Ihnen! は，少し改まったお礼の表現です。返事としても同じ表現が使われていますが，CD をよく聴いてください。最初の Ich danke Ihnen! のアクセントが **danke** にあるのに対して，次の Ich danke Ihnen! は **Ihnen** を強調しています。それにより，「お礼を言うのはあなたにです」というニュアンスを含んだ，「こちらこそ」という意味になります。

　日本語では「ありがとうございました」と過去の形になっていても，ドイツ語では「感謝しています」と現在形で表現することに注意してください。たとえば，講演の最後に「ご清聴，ありがとうございました」というのも，Ich danke Ihnen für Ihre Aufmerksamkeit! と言います。
　また，Ich bedanke mich!「ありがとうございます」という，さらに改まった感じの表現もあります。それに対しては Ich bedanke mich auch!「こちらこそ」と言えばよいでしょう。

　Situation 5 では，danken や Dank を使わずに，感謝の気持ちを表現しています。何かをもらったり，道を尋ねて「そこまで一緒に行きましょう」などと言われたときに，「ご丁寧に，どうもありがとう」とか「ご親切に，どうも」という意味でよく使われるのが，Das ist nett / lieb von Ihnen! です。du で話す相手には，Das ist nett / lieb von dir! と言います。よく聞く表現なので，Danke! とともにおぼえてください。

重要表現

「ありがとうございます」   「どういたしまして」

CD-16

Danke!	Bitte!
Danke schön!	Bitte schön!
Danke sehr!	Bitte sehr!
Danke vielmals!	Keine Ursache!
Vielen Dank!	Nichts zu danken!
Besten Dank!	Gern geschehen!
Herzlichen Dank!	
Ich danke Ihnen!	Ich danke Ihnen!
Ich bedanke mich!	Ich bedanke mich auch!
Das ist sehr nett von Ihnen!	
Das ist sehr nett von dir!	

語彙

CD-17

 *s* Geschenk
プレゼント

 *r* Anruf
電話

 *e* Information
情報

 *e* Einladung
招待

 *r* Geburtstagsgruß
誕生日のお祝いの言葉

 *r* Brief
手紙

 *s* Paket
小包

 *e* E-Mail
Eメール

CD-18 **Übung** 例にならって、「~をどうもありがとう」と言ってみましょう。なお、所有冠詞 Ihr または dein がついている場合は、それを使います。それ以外は定冠詞で言ってください。

例 プレゼント、どうもありがとう。　(dein)
　→ Vielen Dank für dein Geschenk!

1. お電話どうもありがとう。　(Ihr) →
2. 情報をどうもありがとう。　→
3. ご招待どうもありがとう。　(Ihr) →
4. お手紙どうもありがとう。　(dein) →
5. 小包どうもありがとう。　→
6. E メール、どうもありがとう。　(Ihr) →
7. 誕生日のお祝いの言葉、どうもありがとう。　(dein) →

解答
1. Vielen Dank für Ihren Anruf!
2. Vielen Dank für die Information!
3. Vielen Dank für Ihre Einladung!
4. Vielen Dank für deinen Brief!
5. Vielen Dank für das Paket!
6. Vielen Dank für Ihre E-Mail!
7. Vielen Dank für deinen Geburtstagsgruß!

3
よろしく・どうも
— ドイツ語に訳しにくい表現 —

この課のねらい

　ここでは，ドイツ語には直接訳しにくい，日本語の「よろしく」「どうも」のいくつかの表現をおぼえます。いろいろな場合に使える便利な表現ですが，ドイツ語ではシチュエーションに応じて表現が違ってきます。

CD-19　**Situation 1a**　学生同士のパーティーで，はじめて会った人と話をしています。

　　◇　Kommst du aus Japan?
　　●　Ja. Ich heiße Mai Nakamura.
　　◇　Christoph Schmidt. **Hallo!**
　　●　**Hallo!**

　　◇　君は日本から？
　　●　ええ。中村麻衣です。
　　◇　僕は，クリストーフ・シュミット。よろしく。
　　●　こちらこそ。

解説

　第1課で学んだ，初対面の人に対する「よろしく」です。学生同士の場合には Hallo! で「よろしく」という意味にもなります。下の **Situation 1b** では，Freut mich! の代わりに Angenehm! と言ってもいいでしょう。また，Freut mich auch! に続けて，「今後ともどうぞよろしく」の意味で Na, dann : Auf gute Zusammenarbeit! と言うこともできます。

　さて，新年のあいさつでは「今年もよろしくお願いします」という表現がつきものですが，ドイツ語ではあまり使いません。取引先の人や上司が部下に対してなど，仕事関係の人に対して Auf gute Zusammenarbeit auch im neuen Jahr! と言うことがありますが，家族や友人に対しては「おめでとうございます」Ein frohes neues Jahr! だけで十分です。

Situation 1b　新しい職場に配属されて，あいさつ回りをしています。

◇ Darf ich mich vorstellen? Hauke Hoffmann ist mein Name. Ich bin neu hier.
● Ich bin Regina Schweitzer. **Freut mich, Herr Hoffmann!**
◇ **Freut mich auch!**

　　◇ 自己紹介させていただきます。新しくこちらに配属されたハウケ・ホフマンと申します。
　　● レギーナ・シュヴァイツァーです。よろしく，ホフマンさん。
　　◇ こちらこそよろしくお願いします。

CD-21 **Situation 2a**　会合があるようですが，まだ日時が決まっていません。「くわしいことが決まりしだい，お知らせします」と言われたので，「よろしくお願いします」と言っています。

◇ Wann und wo wir uns treffen, sage ich Ihnen noch.

● **Vielen Dank!**

◇ 会合の場所と日時が決まりしだい，お知らせします。
● よろしくお願いします。

CD-22 **Situation 2b**　連絡が途絶えた共通の知人の消息を調べることになりました。

◇ Ich weiß nicht, wo Herr Meyer jetzt ist und was er macht.

● Vielleicht weiß das mein alter Bekannter. Wenn ich etwas herausbekomme, dann sage ich Ihnen Bescheid.

◇ **Ich wäre Ihnen sehr dankbar.**

◇ マイアーさんが今どこにいて何をしているのか，私にはわかりません。
● ひょっとすると昔の知人が知っているかもしれない。もし何かわかれば連絡します。
◇ それはありがたい。よろしくお願いします。

解説

あまりにもあっけない表現で,「え？」と思った人もいるでしょう。Vielen Dank! は「ありがとう」という意味だけではなかったのですね。感謝の気持ちと,「お願いします」という意味が含まれています。Vielen Dank! の代わりに, ただ Danke! と言ってもかまいません。

また, 日本語では「会合の場所と日時」と名詞形で表現しているのに対して, ドイツ語では wann und wo wir uns treffen と副文を使っていることにも注意してください。またその際には,「決まりしだい」という文がドイツ語には含まれていないことにも注目してください。

Situation 2b の「よろしく」にも, 同じように感謝の言葉が使われています。dankbar sein は,「感謝している」「ありがたく思っている」という意味ですが, このようなシチュエーションの場合,「それはありがたい。(お言葉に甘えて) お願いします」という意味にもなります。

ビジネス文書や公式文書の中で, Für Ihre Bemühungen danke ich Ihnen im Voraus. や Für Ihre rasche Rückmeldung bedanke ich mich im Voraus. という表現がよく出てきます。これは直訳すると,「あなたのご尽力にあらかじめ感謝いたします」「近々お返事をいただけることに対してあらかじめお礼を申し上げます」ですが, 日本語らしく表現するなら,「いろいろお手数をおかけしますが, どうぞよろしくお願いいたします」「なるべく早くお返事をいただけますよう, よろしくお願い申し上げます」となります。im Voraus というのは「あらかじめ」「前もって」という意味ですが, im Voraus danken, sich im Voraus bedanken で, これから相手にしてもらうことに対して「よろしくお願いしますね」という期待をこめています。会話の中では im Voraus とは言いませんが, Vielen Dank [im Voraus]! と im Voraus が省略されていると考えるとよいでしょう。

CD-23 **Situation 3a** 人に会ったとき，「こんにちは」と言う代わりに「どうも」と言うことがありますね。

◇ Ach, Herr Graf, guten Tag!

● **Guten Tag!**

◇ あら，グラーフさん，こんにちは。
● どうも。

CD-24 **Situation 3b** 「ありがとう」の代わりに「どうも」と言う人は多いですね。

◇ Hallo, ist das nicht Ihr Schlüssel?

● Oh, ja. **Danke!**

◇ もしもし，これはあなたのかぎではありませんか？
● ああ，そうです。どうも。

CD-25 **Situation 3c** 別れ際に「どうも」と言うことがありますね。

◇ Also, bis morgen!

● Bis morgen, **tschüs!**

◇ じゃあ，また明日ね。
● はい，どうも。

解説

「どうも」にあたるドイツ語の表現は，そのシチュエーションによっていろいろあることがおわかりですね。

「こんにちは」の代わりに「どうも」と言う場合には，Guten Tag! ですが，これは時間に応じて Guten Morgen! や Guten Abend! と言うことができます。du で呼び合う相手には，Hallo! が「どうも」になりますね。

お礼を言うときの「どうも」は，Danke! のほかに Danke schön! や Vielen Dank!，また場合によっては，第2課で出てきた表現を使ってもよいでしょう。

お別れの際のあいさつには，もちろん Auf Wiedersehen! を使うことができますね。

ここには出てきませんでしたが，人の足を踏んだりして謝る際に，「どうも」と言うこともありますが，その場合は Oh, Pardon! ［パルドーン］や，Oh, Entschuldigung! と言えばよいでしょう。

また，久しぶりに会ったときに「どうも！」と言うこともありますね。

■ Situation 3d

◇ Hallo, Thomas!

● Julia! **Lange nicht mehr gesehen!**

　　◇ まあ，トーマスじゃない！
　　● ユーリアじゃないか！　どうも，どうも！

日本語のどの「どうも」にあたるのかを考えて，そのときどきの表現を使い分けましょう。

> **重要表現**

「よろしく」

 初対面の人に対して：

CD-27   Hallo!　(学生同士，友人)

  Angenehm!

  Freut mich!

  Auf gute Zusammenarbeit!

 何かお願いをしたとき：

  Danke!

  Vielen Dank!

  Ich bin Ihnen sehr dankbar!

  (文書で) Vielen Dank im Voraus!

    Für Ihre Bemühungen danke ich Ihnen bestens im Voraus.

「どうも」

  Hallo! / Guten Tag! / Guten Morgen! / Guten Abend!

  Danke! / Danke schön! / Vielen Dank!

  Oh, Pardon! / Oh, Entschuldigung!

  Tschüs! / Na, dann! / Auf Wiedersehen!

  Lange nicht mehr gesehen!

Übung

D-28 **1** 次の会話のシチュエーションから、「よろしく」にあたるドイツ語の表現を下から選んで記入しましょう。

1. ● Gehst du jetzt einkaufen? Bringst du mir Brot mit?
   ◇ Kein Problem!
   ● _____!

2. ● Wir kennen uns noch nicht, oder? Ich heiße Anton.
   ◇ Ich bin Erika. _____!
   ● _____!

3. ● Ich habe in der Bahn meinen Regenschirm vergessen.
   ◇ In welcher Bahn?
   ● In der E 269.
   ◇ E 269. Heute Morgen. Wie sieht Ihr Schirm aus?
   ● Rot, 60 cm Durchmesser.
   ◇ Ich habe es notiert. Wenn wir den Schirm finden, melden wir uns.
   ● _____!

4. ● Darf ich mich vorstellen? Ich bin Ihr neuer Nachbar.
   Mein Name ist Nico Schweitzer.
   ◇ Ich heiße Christa Wetjen.
   _____, Herr Schweitzer!
   ● _____!

Ich bin Ihnen sehr dankbar!

Freut mich!   Freut mich auch!

Danke!

Hallo!   Hallo!

CD-29 **2** 今度は「どうも」にあたる表現を，下から選びましょう。

1. ● Mensch, Marco! Wie geht's denn?
   ◇ Oh, Natalie! _____ !

2. 〈電話で〉
   ● Weyer.
   ◇ Hallo, ist da nicht Sandermann?
   ● Nein.
   ◇ _____ !
   ● Macht nichts!

3. 〈バスの中で〉
   ● Aua!
   ◇ _____ !
   * Aua! =「痛い！」

4. ● Haben Sie etwas zum Schreiben?
   ◇ Bitte schön!
   ● _____ !

5. ● Ich mache jetzt Feierabend!
   ◇ Schönen Abend!
   ● Ihnen auch! _____ !

Oh, Pardon!   Tschüs!

Danke!   Lange nicht mehr gesehen!

Oh, Entschuldigung!

解答 1 1. Danke! 2. Hallo! — Hallo! 3. Ich bin Ihnen sehr dankbar!
4. Freut mich! — Freut mich auch! 2 1. Lange nicht mehr gesehen!
2. Oh, Entschuldigung! 3. Oh, Pardon! 4. Danke! 5. Tschüs!

訳例

1

1. ● これから買い物に行くの？　パンを買って来てくれる？
   ◇ いいよ。
   ● よろしくね。
2. ● はじめて会うよね。僕はアントーンっていうんだ。
   ◇ 私はエーリカ。よろしくね。
   ● こちらこそ。
3. ● 列車の中でかさを忘れたのですが。
   ◇ どの列車ですか？
   ● E 269 です。
   ◇ E 269, 今朝ですね。どんなかさですか？
   ● 赤で，直径 60 cm です。
   ◇ 書き留めましたので，見つかりしだい，連絡します。
   ● どうぞよろしくお願いします。
4. ● ごあいさつにあがりました。新しく越してきた者です。ニコ・シュヴァイツァーです。
   ◇ クリスタ・ヴェートイェンです。よろしく，シュヴァイツァーさん。
   ● こちらこそ。

2

1. ● あら，マルコ！　元気だった？
   ◇ ナタリーじゃないか。どうも！
2. 〈電話で〉
   ● ヴァイアーです。
   ◇ もしもし，ザンダーマンさんではないですか？
   ● 違いますよ。
   ◇ あら，どうも。
   ● いいえ。
3. 〈バスの中で〉
   ● 痛い！
   ◇ あ，どうも，どうも。ごめんなさい！
4. ● 何か書くものありますか？
   ◇ どうぞ。
   ● どうも。
5. ● 今日はこれで終わりにします。
   ◇ おつかれさま。
   ● おつかれさま。どうも。

4
喜んで！
― 人を誘う・その返事 ―

> **この課のねらい**

　ここでは「一緒に食事に行きましょう」などの，日常よくある場面での軽い気持ちで人を誘うときの表現と，それに対する答え方を見てみましょう。

CD-30 **Situation 1a**　　オフィスのお昼休みの場面です。

> ◆ Gehen Sie jetzt essen?
> ○ Ja, Sie auch? **Wollen wir zusammen gehen?**
> ◆ **Ja, gern!**
>
> 　◆ これから食事に行くの？
> 　○ ええ。あなたも？　一緒に行きましょうか？
> 　◆ ええ，喜んで！

CD-31 **Situation 1b**

> ◆ Gehen Sie jetzt essen?
> ○ Ja. **Wollen Sie mit?**
> ◆ **Gern!**
>
> 　◆これからお食事？
> 　○ええ。一緒にどうですか？
> 　◆喜んで！

解説

お昼休みが始まって,「これから食事に行きますか?」と尋ねると, たいていは「一緒に行きましょう」という暗示になりますから, このように聞かれたら, 前頁のように軽く誘ってみるとよいでしょう。またそう誘われたときには, Gern! とか Ja, gern! と答えます。

学生同士の場合は, Sie が du になりますね。Wollen wir zusammen [gehen]? が, Gehen wir dann zusammen hin! や Dann lass uns doch zusammen gehen! となることもあります。

また, Ja, gern! のくだけた表現 Ja, warum nicht?（英語の *why not?* にあたる）が使われることもあります。

■ Situation 1c

◆ Gehst du jetzt essen?

○ Ja, du auch? **Dann lass uns doch zusammen gehen!**

◆ **Ja, warum nicht?**

> ◆ これから食事に行くの？
> ○ ええ。あなたも？ じゃあ一緒に行きましょうよ。
> ◆ そうだね。

■ Situation 1d

◆ Gehst du jetzt essen?

○ Ja. **Willst du mit?**

◆ **Gern!**

> ◆ これから食事？
> ○ ええ。一緒にどう？
> ◆ 喜んで！

Situation 2
仲のいい何人かで食事に行くので，もう1人の友だちも誘っている場面です。

◆ **Kommst du mit zum Essen?**
○ Wo geht ihr denn hin?
◆ Zum Italiener.
○ Gute Idee! **Ich komme mit.**

◆ 一緒に食事に行く？
○ どこに行くんだい？
◆ イタリア料理を食べようと思ってるの。
○ いいね。一緒に行くよ。

注　日常会話の中では，Wohin? は Wo...hin? と「分けられる」ことが多く，Wohin geht ihr? を Wo geht ihr hin? と言うことがよくあります。

解説

　Situation 2では,「あなたも一緒に食事に行かない？」と誘っています。この場合は Gern! ではなく，Ich komme mit.「行くよ」と言っているので，少しぶっきらぼうに聞こえるかもしれませんが，その前に Gute Idee!「いいね」と言っているので，無礼な答えではありません。

　「うれしい！」「喜んで！」と素直に気持ちを表したり，「それはいい考えですね」とひとことコメントをつけたりすると，自分の気持ちが相手によく伝わります。

　相手が誘ってくれなければ，**Situation 3**のように，自分から率直に聞きましょう。Mehr als Nein kann er / sie nicht sagen.「Nein以上の答えは返ってこない」，つまり「だめもと」のことです。この気持ちがあれば，気楽に誘うことができそうですね。

■ **Situation 3**　一人でお昼を食べるのはさびしいので，今度は勇気を持って自分から「一緒に行ってもいいですか？」と尋ねてみます。

◆ Gehen Sie jetzt essen?

○ Ja.

◆ Wo gehen Sie denn hin?

○ Wir wollen zum Chinesen.

◆ Aha. **Kann ich mitkommen?**

○ **Aber natürlich!**

　　◆ これから食事に行くのですか？
　　○ ええ。
　　◆ どこに行くのですか？
　　○ 中華レストランに行きます。
　　◆ そうですか。ご一緒してもいいですか？
　　○ もちろんですよ。

Situation 4　せっかくのお誘いを断らなければならない場合です。

◆ Gehen Sie jetzt essen?
○ Ja. **Ich bin heute mit Herrn Müller verabredet.**
◆ **Ach so! Guten Appetit! / Viel Spaß!**

- ◆ これから食事に行くのですか？
- ○ ええ。今日はミュラーさんと約束しているんですよ。
- ◆ ああ，そうなんですか。行ってらっしゃい！

Situation 5　仕事の話があるのでお誘いを断る場面です。

◆ Gehen Sie jetzt essen? **Wollen wir nicht zusammen gehen?**
○ **Tut mir Leid, heute geht es nicht.** Wir haben eine Arbeitsbesprechung.
◆ **Schade! Morgen vielleicht?**
○ Gern!

- ◆ これから食事に行くのですか？　一緒に行きませんか？
- ○ ごめんなさい。今日はだめなのです。仕事の話があるので…
- ◆ それは残念。明日はどうかな？
- ○ 喜んで！

解説

　Situation 4 は，先手を打って自分の都合を言った場合です。「○○さんと約束しています」とか「○○さんと一緒に行きます」と具体的な理由を言うと，相手も「ああ，そう」で会話はスムーズに終わります。日本語では「ああ，そうですか」で終わってしまいそうですが，ドイツ語の対応はちょっと違っています。食事に行くことがわかっているので，Ach so! の後に Guten Appetit! と言って会話を終わるのは粋な感じがしますね。また，Viel Spaß!「楽しんでいらっしゃい」だと，食事に限らず，どんな場面でも使えます。

　「一緒に行きませんか？」と聞かれて，都合の悪いときには
Tut mir Leid, heute geht es nicht.　とか
Tut mir Leid, heute kann ich nicht.　と言いましょう。
　理由には **Situation 5** のように，eine Arbeitsbesprechung haben「仕事の話がある」や zur Bank gehen「銀行に行く」，eine Verabredung haben「約束がある」など具体的な理由を述べてもいいし，単に Ich habe etwas zu erledigen.「ちょっと用事がある」とだけ言ってもよいでしょう。

　逆に断られたら，正直に「残念」と言い，「明日は？」と具体的に次の提案をするのもいいですし，ただ Vielleicht das nächste Mal!「また今度」と言うだけでもかまいません。

重要表現

申し出を受け入れる

CD-38	喜んで！	Gern!
	それは，喜んで！	Aber gern!
	もちろん！	Natürlich! / Selbstverständlich! / Warum denn nicht?
	もちろんですとも！	Aber natürlich! / Aber selbstverständlich!

(それは) いい考えだね。	(Das ist eine) gute Idee!
(そのアイデアは) 悪くないね。	(Die Idee ist) nicht schlecht!
了解。	Einverstanden!
約束だよ。	Abgemacht!
どうして断ることができるでしょう？(＝もちろん)	Wie kann ich dazu Nein sagen?
そうしましょうか。	Wollen wir?
いいわね。すばらしい。	Schön! / Prima! / Toll!
うれしい。楽しみにしています。	Ich freue mich!

文句はありません。	Ich habe nichts dagegen.
反対ではありません。	
差し支えありません。	Mir ist das recht.
私としては賛成です。	Von mir aus. / Meinetwegen.

「一緒に行っていいですか？」　　「もちろん」
　　Kann ich mitkommen?　　　　　Aber natürlich!
　　　　　　　　　　　　　　　　　Na, klar!
　　　　　　　　　　　　　　　　　Warum denn nicht?
　　　　　　　　　　　　　　　　　Sicher!

Übung

次の会話の日本文に合うように，空欄を埋めてください。

1. ● Wir gehen am Freitag ins Kino. Kommst du mit?
   ◇ それはいい考えね。もちろん行くわ。
   Das ist _____ _____ _____ !
   _____ komme ich mit.

2. ● Darf ich Ihnen Kaffee anbieten?
   ◇ はい，喜んで。
   Danke, _____ !

3. ● Jana, darf ich dich heute zum Essen einladen?
   ◇ どうして断れるでしょう？ もちろん OK よ。
   _____ kann ich dazu _____ sagen?
   Natürlich _____ du!

4. ● Hast du Lust, heute tanzen zu gehen?
   ◇ ごめんなさい。残念ながら今日はだめなの。もう先約があって。
   _____ mir _____, heute _____
   _____ nicht. Ich bin schon _____.
   ● それは残念だね。じゃあまた今度ね。
   _____ ! _____ das nächste Mal!

5. ● Wollen wir mal spazieren gehen?
   ◇ そうね。
   _____ _____ ?

6. ● Wann treffen wir uns denn morgen? So gegen 7 Uhr?
   ◇ Einverstanden!
   ● じゃあね。楽しみにしているわ。
   　 Bis dann! _____ _____ _____!

7. ● Du, kann Michael auch mitkomen?
   ◇ 私ならいいわよ。
   　 _____ _____ _____!

8. ＜社員食堂で＞
   ● Darf ich mich zu Ihnen setzen?
   ◇ それは喜んで！　どうぞ。
   　 _____ gern! Bitte!

9. ● Gehen Sie essen? Kann ich mitkommen?
   ◇ 残念ながら，今日は上司と仕事の話があるのです。
   　 明日はどうかしら？
   　 _____ habe ich heute eine _____.
   　 mit meinem Chef. _____ _____?
   ● 喜んで。約束ですよ。
   　 Gern! _____!

10. ● Wollen wir nicht Kaffee trinken gehen?
    ◇ 残念だけど，これからミヒャエーラと泳ぎに行くのよ。
    　 Tut mir Leid! Jetzt _____ ich _____ Michaela
    　 _____.
    ● そうか。行っておいで。
    　 Ach so! Na, dann: Viel _____!

> 解答

1. eine, gute, Idee, Natürlich
2. gern
3. Wie, Nein, darfst
4. Tut, Leid, geht, es, verabredet, Schade, Vielleicht
5. Warum, nicht
6. Ich, freue, mich
7. Von, mir, aus
8. Aber
9. Leider, Arbeitsbesprechung, Vielleicht, morgen, Abgemacht
10. gehe, mit, schwimmen, Spaß

> 訳例

1. 私たち，金曜日に映画に行くけど，一緒に来る？
2. コーヒーはいかがですか？
3. ヤーナ，今日君を食事に招待してもいいかな？
4. 今日踊りに行かない？
5. ちょっと散歩にでも行きましょうか？
6. ● 明日はいつ待ち合わせようか？ 7時頃はどう？
   ◇ 了解。
7. ねえ，ミヒャエールも一緒に行ってもいいかい？
8. こちらに座ってもいいですか？
9. 食事に行くのですか？ 一緒に行ってもいいですか？
10. コーヒーでも飲みに行かない？

5

なんとおっしゃいましたか？
― 聞き返す ―

この課のねらい

　相手の話が聴き取れなかったときは，わかったふりをせずに「聞き返す」。簡単なようでなかなか難しいですね。けれども，これは会話の基本です。ましてや早口のドイツ語で何か言われたり，聞き慣れない単語が出てきたりした場合は，なおさらです。ここでは，聴き取れなかったときの表現をおぼえます。

CD-40　**Situation 1**　お店のレジで金額が聴き取れませんでした。

◇ Das macht 28,95 Euro.
● **Bitte?**
◇ 28,95 Euro.

　　　　◇ 28 ユーロ 95 セントです。
　　　　● はい？
　　　　◇ 28 ユーロ 95 セントですよ。

解説

聞き返すときの基本は Bitte? ですが，代わりに Wie bitte? を使うこともできます。

■ Situation 1a

◇ Das macht 28,95 Euro.
● **Wie bitte?**
◇ 28,95 Euro.

　　◇ 28 ユーロ 95 セントです。
　　● いくらですって？
　　◇ 28 ユーロ 95 セントですよ。

> 注　Wie bitte? の Wie を強く発音すると，「なんですって？　信じられない」という意味になってしまいますから，聞き返す意味で使う場合には，強弱をつけずに発音します。

■ Situation 1b

◇ Das macht 128,95 Euro.
● **Wie bitte!?　Das kann doch nicht sein!　Das ist zu teuer.**

　　◇ 128 ユーロ 95 セントです。
　　● いくらですって !?　そんなはずはない。高すぎますよ。

> 注　最後の Das kann doch nicht sein! がなくても，Wie を強く発音すると，「そんなはずはない」という気持ちは伝わります。アクセントにはくれぐれも気をつけましょう。

CD-43 **Situation 2a**　共通の友人の話をしています。

◇ Von Petra habe ich lange nichts mehr gehört. Sie wollte sich doch mal melden.
● „Keine Nachrichten sind gute Nachrichten."
◇ **Das habe ich nicht verstanden. Was bedeutet das?**
● Petra geht es gut, wenn sie sich nicht meldet.
◇ Ach, so.

  ◇ ペートラからはなんの連絡もないわ。連絡するって言っていたのに。
  ● 「便りのないのはいい知らせ」だよ。
  ◇ 今のはわからなかったわ。どういう意味かしら？
  ● 連絡がないのは元気だってことだよ。
  ◇ ああ，そういうことね。

CD-44 **Situation 2b**　秘書が上司に今日の予定を連絡しています。

◇ Frau Reichert, heute um 10 Uhr kommt Herr Ahrens von der Fa. KMF. Um 11 Uhr besucht Sie Herr Müller von der Fa. HS Elektronik.
● **Ich habe Sie akustisch nicht verstanden.** Herr Müller von ...?
◇ HS Elektronik.

  ◇ ライヒャートさん，今日は 10 時に KMF 社のアーレンス氏がお見えになります。11 時には HS エレクトローニック社のミュラー氏が。
  ● 今よく聴き取れなかったのですが，どちらのミュラーさんですか？
  ◇ HS エレクトローニック社です。

解説

　Situation 2a では，相手の言った意味が理解できなくて，別の表現で言い換えて説明してもらう場合です。Das habe ich nicht verstanden. の das は前文を受ける das, すなわちここでは Keine Nachrichten sind gute Nachrichten. を指します。
　「あなたの言ったことがわかりませんでした」と言う場合，「あなたの言ったこと」はただ単に Sie で表現でき，Ich habe Sie nicht verstanden. と言います。また，Was bedeutet das? の代わりに，Was heißt das? とも言えます。

　Situation2b は，意味が理解できないというのではなく，声が小さかったり，騒音などで聴き取れない際に聞き返す場合です。「よく聴き取れませんでした」を Ich konnte nicht gut hören. と言っても間違いではありませんが，通常 akustisch verstehen「音的に理解する」という言い方を使って，Ich habe Sie akustisch nicht verstanden. と表現します。du で話をする相手だと，Ich habe dich akustisch nicht verstanden. Kannst du das noch einmal sagen? (または Sagst du das noch einmal?)「よく聞こえなかったんだ。もう一度お願い」と言えばいいでしょう。

　上司が Ich habe Sie akustisch nicht verstanden. と言った後，Herr Müller von ...? と尋ねていますね。秘書がいろいろと説明しているのに対し，Herr Müller までは聴き取れたけれど，その後の会社名だけが聴き取れなかった，という場合に，聴き取れた最後の箇所を言うことによって，相手に「続きを言ってください」ということになります。短い文が聴き取れない場合は，Können Sie das bitte noch einmal sagen? でいいのですが，長い文に対してそのように言うと，「何もわかっていないのか」と思われてしまいますね。そんなときはこのように，聴き取れた最後の箇所を繰り返すと，相手も「ああ，ここまではわかっているんだ」と理解でき，安心するでしょう。

CD-45　**Situation 3**　何人かで待ち合わせをするのに，落ち合う時間と場所を友人が連絡してきました。

◇　Wir wollen uns Dienstagabend treffen. Kannst du da?
●　Ja, da kann ich. Wann und wo treffen wir uns?
◇　Um 6.30 Uhr im „Bandonion" am Marktplatz.
●　Also, **um 6.30 Uhr … Und wir treffen uns wo?**
◇　Um 6.30 Uhr im „Bandonion" am Marktplatz.

◇　火曜日の夕方ってことになったけど，都合はいいかな。
●　だいじょうぶよ。いつ，どこで？
◇　6時半にマルクト広場の「バンドニオン」で。
●　えーと，6時半に…どこだっけ？
◇　6時半にマルクト広場の「バンドニオン」だよ。

解説

　Situation 2b と同じように，聴き取れた時間を言った後，「どこで会うんでしたっけ？」と聞いています。「～でしたっけ？」と言う場合には，Um 6.30 Uhr ... Und wo treffen wir uns nochmal? のように，nochmal をつけることによって，「さっき聞いたのですが，忘れました」というニュアンスになります。

　　　Wie war Ihr Name nochmal?　　お名前はなんでしたっけ？
　　　Wie war das nochmal?　　　　これはどうでしたっけ？

　しかしここでは，Wo treffen wir uns nochmal? と言わず，Und **wir treffen uns wo**? と疑問詞が文末にきています。ふつうの疑問文では，Und wo treffen wir uns? と疑問詞が文頭にくるのですが，ここでは wir treffen uns「私たちが待ち合わせること」はわかっていて，「場所」を確認するため，疑問詞 wo を文末に持ってきているのです。なじみのない形ですが，このような文がスラスラと出てくると，ドイツ語が堪能に聞こえますよ。

　　　Wie bitte? Wir machen jetzt **was**?　　え？　これからどうするんですって？
　　　Sie kommen wieder **wann**?　　　　　え？　いつお戻りになるんですって？

重要表現

「なんとおっしゃいました？」

CD-46

はい？／なんですって？	Bitte? / Wie bitte?
もう一度お願いします。	Noch einmal, bitte!
よく聞こえませんでした。	Ich habe Sie akustisch nicht verstanden.
もう一度おっしゃっていただけますか？	Können Sie das bitte noch einmal sagen?
よく聞こえなかった。	Ich habe dich akustisch nicht verstanden.
もう一度言ってくれる？	Sagst du das bitte noch einmal?
これはどうでしたっけ？	Wie war das nochmal?
なんとおっしゃいました？	Was haben Sie gesagt?
繰り返していただけますか？	Können Sie das bitte wiederholen?
彼の名前はなんだったっけ？	Wie heißt er nochmal?
いつ会うんでしたっけ？	Wann treffen wir uns nochmal?
会うのはいつでしたっけ？	Wir treffen uns wann?

Übung

CD-47 **1** 次の会話の日本文にあてはまるドイツ語を書きましょう。

1.

● Mama, ich gehe jetzt zu Natalie.
◇ Wann kommst du denn zurück?
● So gegen neun.
◇ _____? (なんですって?) Du kommst erst um neun? Ach, nee! Das geht nicht. Zum Abendbrot musst du schon zu Hause sein!

> 注 1. Ach, nee! は口語的表現で，Ach, nein! と同じ意味です。親しい間柄で使う表現ですから，目上の人には使いません。
> 2. Abendbrot は「夕食」です。Abendessen と同義語ですが，外食以外の食事は，パンでなくても Abendbrot がよく使われます。

2.

● Praxis Dr. Neumann, guten Tag!
◇ Entschuldigung, wie lange haben Sie nachmittags Sprechstunde?
● Normalerweise bis 18 Uhr. Für Berufstätige haben wir aber am Donnerstag bis 19.30 Uhr Sprechstunde.
◇ Entschuldigung? _____
_____
_____?
(今よく聞こえませんでした。もう一度言っていただけますか?)
● Donnerstags haben wir bis 19.30 Uhr Sprechstunde. Wenn Sie diesen Donnerstag kommen möchten, haben wir um 19.15 Uhr noch einen Termin für Sie.

CD-48 **2** 下線の部分が聴き取れませんでした。日本語に合うように，疑問詞を補って聞き返してみましょう。

例 Wir treffen uns am Mittwoch um 7 Uhr vor der Post.
　　水曜日の7時に郵便局の前で落ち合おう。
　➡ え，なんだって？　水曜日にどこだっけ？
　　Wie bitte? (Wo) treffen wir uns am Mittwoch?

1. Um 11 Uhr kommt Herr Schlüter von der Fa. IJS.
　　11時にIJS社のシュリューターさんが来られます。
　➡ え，なんですか？　11時にどなたが来るんですって？
　　Wie bitte? (　　　　　) kommt um 11 Uhr?

2. Die Party beginnt um 18.30 Uhr.
　　パーティーは6時半に始まります。
　➡ え，なんですか？　パーティーは何時に始まるんですって？
　　Wie bitte? (　　　　　) beginnt die Party?

3. Wir fahren drei Wochen nach Fuerteventura.
　　私たちは3週間フルテヴェントゥラ(カナリア諸島)に行きます。
　➡ え？　3週間どちらにいらっしゃるんですって？
　　Bitte? (　　　　　) fahren Sie drei Wochen?

4. Er studiert in Deutschland Tiermedizin.
　　彼はドイツで獣医学を勉強しています。
　➡ えーと，彼は何を勉強しているって？
　　Bitte? (　　　　　) studiert er?

5. Ismail kommt nicht aus Griechenland, sondern aus der Türkei.
　　イスマイルはギリシャでなく，トルコの出身です。
　➡ え？　彼はどこの出身ですって？
　　Bitte? (　　　　　) kommt er?

解答例

1　1. Bitte? / Wie bitte?
　　2. Ich habe Sie akustisch nicht verstanden. Können Sie das noch einmal sagen?

2　1. Wer　2. Wann / Um wie viel Uhr　3. Wohin
　　4. Was　5. Woher

> 注　時間を尋ねていることが明確な場合，日本語の「何時に」は Wann? で通じる。

訳例

1

1.
● ママ，これからナタリーの家に行ってくるよ。
◇ 何時に帰る？
● 9時ごろかな。
◇ なんですって？ 9時に帰るですって？ あら，それはだめよ。夕飯には帰ってこないと。

2.
● ノイマン診療所です。
◇ すみません，午後は何時まで診察してもらえますか？
● ふつうは午後6時までですが，お勤めの方のために，木曜日は7時半まで診察しています。
◇ すみません，今よく聞こえませんでした。もう一度おっしゃっていただけますか？
● 木曜日は夜7時半まで診察しています。今週木曜日ご都合がよければ，7時15分がまだあいていますが。

6
おいくらですか？
― 買い物をする ―

> **この課のねらい**

ここでは，日常的な買い物をする際の表現をおぼえます。

CD-49 **Situation 1**　朝市で野菜が売られています。新鮮な野菜を買ってみましょう。

● Bitte schön?
◇ Ich möchte gern ein Kilo Kartoffeln und ein Pfund Zwiebeln, bitte.
● Sonst noch etwas?
◇ Ein Pfund Tomaten, bitte.
● Etwas mehr?
◇ Das macht nichts.
● Sonst noch etwas?
◇ Das wär's, danke schön!

　● 何にいたしましょうか？
　◇ じゃがいもを1キロとたまねぎを500ｇお願いします。
　● ほかに何か？
　◇ トマトを500ｇください。
　● (500ｇより)少し多くなりますが。
　◇ かまいませんよ。
　● ほかに何か？
　◇ これで全部です。ありがとう。

解説

買い物のときに一番よく使う語は，「～をください」ですね。これにあたる語は

  Ich möchte gern …   （または … möchte ich gern.）
  Ich hätte gern …   （または … hätte ich gern.）
  Geben Sie mir bitte …

です。けれども，この例の中に Ich möchte gern ～. は一度しか出てきません。それは，「～をください」と「じゃがいも 1 キロ」という場合，当然後者のほうが重要な情報になります。生活の中の会話においては，必ずしも文の形を取らなくてもよいということがよくあるのです。

重要な情報を簡潔に言ったほうがことがスムーズにいく場合は，あんがい多いものです。

ただし，1 Kilo Kartoffeln. の前には Ich möchte gern が省略されているので，1 Kilo Kartoffeln. の 1 (= Ein) は 4 格だということを確認してください。

また，計り売りの場合，たとえばきっちり 500 g となることはまれなので，Etwas mehr? と尋ねられることがよくあります。多くなってもよければ Das macht nichts.，少ないほうがよければ Lieber etwas weniger, bitte! と言えばよいでしょう。

Tipps

1 Pfund「1 ポンド」はイギリスでは約 450 g ですが，ドイツでは約 500 g で少し多めになります。

CD-50 **Situation 2**　先ほどの市での支払いの場面です。

● Das macht 6 Euro 30.
◇ Bitte schön!
● 40, 50, Sieben, Acht, Zehn und Zehn macht 20 Euro. Bitte schön. Schönen Tag noch!
◇ Danke, gleichfalls! Auf Wiedersehen!

● 6ユーロ30です。
◇ どうぞ。(20ユーロ渡す)
● (6ユーロ) 40, 50, 7ユーロ, 8ユーロ, 10ユーロと10ユーロで20ユーロです。よい一日を。
◇ ありがとう。あなたもよい一日を。さようなら。

解説

　Das kostet ... は単品の品物に対する値段の表現で，「全部で…ユーロです」と言う場合には，Das macht [alles zusammen] ... Euro. を使います。

Was kostet ein Kilo Kartoffeln?
じゃがいも 1 キロはいくらですか？
Eine Packung Milch kostet 0,75 Euro.
牛乳 1 パックは 75 セントです。
Was kosten die Äpfel?
このりんご (複数) はいくらですか？

　さて，値段の読み方ですが，ユーロは Euro [オイロ]，セントは Cent [ツェント，セント] です。1 ユーロ未満だと，0,99 Euro (neunundneunzig Cent) のように，Cent をつけますが，1 ユーロ以上だと，2,78 Euro (zwei Euro achtundsiebzig) のように，Cent を省略することが多くなります。

　また，ただ単に zwei achtundsiebzig と，Euro も省略してしまうこともあります。

Tipps

　買い物の支払いの際のおつりの数え方は，日本と少し違います。ここでは，6 ユーロ 30 セントが代金で，お客は 20 ユーロ札を出しました。日本式だと，「大きいほうを先に」と 10 ユーロを先に渡され，その後で，小銭の 3 ユーロ 70 セントをもらうことになるのですが，ドイツでは代金に「足して」いきます。つまり，6 ユーロ 30 セントに 10 セント足して，6 ユーロ「40 セント」，また 10 セントで，6 ユーロ「50 セント」，そして 50 セントで「7 ユーロ」になります。その後，3 ユーロ渡すと，「10 ユーロ」になり，次に「10 ユーロ」を渡し，全部で「20 ユーロ」になるという数え方をします。

Situation 3　ブラウスを試着する場面です。

● Kann ich Ihnen helfen?
◇ Ja, sehr gern! Ich möchte diese Bluse anprobieren. Geht das?
● Aber selbstverständlich! Kommen Sie bitte mit! Hier ist die Kabine.
◇ Vielen Dank! ... Sie ist mir etwas zu groß. Haben Sie die auch eine Nummer kleiner?
● Ja, natürlich. Ich komme sofort. ... So, bitte schön!
◇ Danke schön! ... Die passt mir! Die nehme ich!

● いらっしゃいませ。(直訳：何かお手伝いいたしましょうか？)
◇ はい、お願いします。このブラウスを試着したいのですが、いいですか？
● もちろんですよ。どうぞこちらへ。ここが試着室です。
◇ どうもありがとう。…私には少し大きすぎます。これのワンサイズ小さいものはありますか？
● もちろんございます。お待ちください。…どうぞ。
◇ ありがとう。…これはちょうど合うわ。これをいただきます。

解説

　ドイツのデパートなどでは，Kann ich Ihnen helfen?「何かお手伝いいたしましょうか？」と店員さんが声をかけてきます。もし，このシチュエーションのように試着がしたいなど，何かお願いしたいことや聞きたいことがあれば，Ja, [sehr] gern[e]!, Ja, bitte! と答えます。gern と gerne には文法上の違いも意味上の違いもなく，口調の関係で言いやすいほうを使ってください。ただ見ているだけの場合には，Ich möchte mich noch weiter umschauen.「もう少し見ていたいのです」と言いましょう。日本のように店員さんがぴったりついて勧めることもないので，ゆっくり見られます。

　「試着をする」という動詞には，an|probieren を使います。

　サイズが大きすぎる場合は zu groß，小さすぎるときは zu klein と言います。ここでは Bluse が女性名詞なので，Sie ist mir [etwas] zu groß. と sie になっていますが，Pullover「セーター」や Rock「スカート」のように，男性名詞なら er，T-Shirt「Tシャツ」や Kleid「ワンピース」のように中性名詞なら es になります。

　「同じものでワンサイズ小さいものがありますか？」の「同じもの」はここでは die [Bluse] です。
　　男性名詞だと，　　Haben Sie **den** auch eine Nummer kleiner?
　　　　　　　　　　　　同じものでワンサイズ小さいものはありますか？
　　中性名詞だと，　　Haben Sie **das** auch eine Nummer größer?
　　　　　　　　　　　　同じものでワンサイズ大きいものはありますか？
　となります。

　「大きさがちょうどいい」と言う場合は，passen + 人³ を使います。「似合う」は，passen + zu 人³ または stehen + 人³ を使います。

重要表現

いらっしゃいませ。	Guten Tag, kann ich Ihnen helfen?
何にいたしましょう。	Sie wünschen?
	Was darf es sein?
	Bitte schön?
…をください。	Ich hätte gern …
	Ich möchte gern …
	…, bitte!
ほかに何かご入り用ですか？	Sonst noch etwas?
	Haben Sie sonst noch einen Wunsch?
全部でいくらですか？	Was macht das zusammen?
試着してもいいですか？	Kann ich das mal anprobieren?
試着したいのですが。	Das möchte ich mal anprobieren.
これは私には少し 大きすぎます。	Das ist mir zu groß.
小さすぎます。	Das ist mir zu klein.
きつすぎます。	Das ist mir zu eng.
同じものでワンサイズ大きい / 小さいものはありますか？	Haben Sie den / die / das auch eine Nummer größer / kleiner ?

語彙

D-53　*e* Milch　牛乳

　　　r Liter, –　リットル　　　　　ein Liter Milch　牛乳1リットル
　　　　　　　　　　　　　　　　　　zwei Liter Milch　牛乳2リットル

　　　s Bier　ビール
　　　r Kasten, –　箱　　　　　　　ein Kasten Bier　ビール1箱
　　　　　　　　　　　　　　　　　　zwei Kasten Bier　ビール2箱

　　　r Apfel, Äpfel　りんご
　　　e Kiwi, –s　キウイ
　　　e Baguette, –s　バゲット
　　　s Brötchen, –　プチパン

Übung

D-54　**1**　市場やお店で次のものを買ってみましょう。

例　1 Liter Milch (牛乳を1リットル；*r* Liter)
　　● Bitte schön?
　　◇ Einen Liter Milch, bitte!

1. 1 Apfel und 5 Kiwis (りんごを1個とキウイを5個)
　　● Sie wünschen?
　　◇ _____
　　　_____, bitte!

2. 1 Kasten Bier (ビールを1箱)
　　● Was darf es sein?
　　◇ _____, bitte!

3. 1 Baguette und 6 Brötchen (バゲットを1本とプチパンを6個)
　　● Bitte schön?
　　◇ _____
　　　_____, bitte!

CD-55 **2** 例にならって，見たことのない品物の名前と産地を尋ねてみましょう。

例 Pilze ; Shiitake-Pilze ; Japan　(*r* Pilz, -e「きのこ」)
- ● Wie heißen die Pilze dort?　そこにあるきのこはなんていうもの？
- ◇ Das sind Shiitake-Pilze.　しいたけです。
- ● Und woher kommen sie?　で，産地はどこですか？
- ◇ Aus Japan.　日本です。

1. Obst ; Nashi-Früchte ; Japan
   (*s* Obst「くだもの」ふつう単数扱い ; *e* Frucht, -e「果実」)
   - ● Wie _____ ?
   - ◇ Das sind _____ .
   - ● Und woher _____ ?
   - ◇ Aus _____ .

2. Brot ; Nan ; Indien
   (*s* Brot「パン」; *r* Nan「ナン」ふつう単数扱い ; Indien「インド」)
   - ● Wie _____ ?
   - ◇ Das ist _____ .
   - ● Und woher _____ ?
   - ◇ Aus _____ .

3. Gemüse ; Bambus-Sprossen ; Thailand
   (*s* Gemüse「野菜」単数扱い ; Bambus-Sprossen *pl.* ふつう複数「たけのこ」; Thailand「タイ」)
   - ● Wie _____ ?
   - ◇ Das sind _____ .
   - ● Und woher _____ ?
   - ◇ Aus _____ .

解答

1
1. Einen Apfel und 5 Kiwis, bitte!
2. Ein Kasten Bier, bitte!
3. Eine Baguette und 6 Brötchen, bitte!

2

1. ● Wie heißt das Obst dort?
   ◇ Das sind Nashi-Früchte.
   ● Und woher kommen sie?
   ◇ Aus Japan.
2. ● Wie heißt das Brot dort?
   ◇ Das ist Nan.
   ● Und woher kommt es?
   ◇ Aus Indien.
3. ● Wie heißt das Gemüse dort?
   ◇ Das sind Bambus-Sprossen.
   ● Und woher kommen sie?
   ◇ Aus Thailand.

訳例

2

1. ● そこにあるくだものはなんていうものですか？
   ◇ なしです。
   ● で，産地はどちら？
   ◇ 日本です。
2. ● そこのパンはなんていうものですか？
   ◇ ナンです。
   ● で，産地はどこですか？
   ◇ インドです。
3. ● そこにある野菜はなんていうものですか？
   ◇ たけのこです。
   ● それで，産地はどこですか？
   ◇ タイです。

7

まだ届いていないのですか？
— 苦情を言う —

この課のねらい

苦情を言う場合の表現を練習しましょう。苦情はあくまでも「落ち着いて」「手短かに」，そして「明確に」が基本です。

CD-56　Situation 1　注文していた本をとりに本屋に行きましたが，まだ届いていないという場面です。

◇ Guten Tag, Landwehr ist mein Name. Ich möchte das Buch abholen, das ich bestellt habe. Das sollte schon da sein.

● Frau Landwehr ... Augenblick, bitte! ... Tja, das Buch ist noch nicht da.

◇ **Wie bitte? Das Buch ist noch nicht da?** Es sollte doch gestern schon da sein. Das hat Ihre Kollegin mir gesagt. Ich komme doch von außerhalb.

● **Es tut mir Leid.** Morgen wird es da sein, aber sicherheitshalber rufen wir Sie an, sobald das Buch da ist.

◇ **Ja, ich bitte Sie darum.**

　　◇ こんにちは。ラントヴェーアと申します。注文した本をとりに来ました。もう来ているはずなのですが。

64

- ● ラントヴェーアさんですね。お待ちください。…えーと，本はまだ届いていないですね。
- ◇ なんですって？ まだ来ていないのですか？ 昨日には届くとうかがっていたのですが。郊外からわざわざ来たのですがねぇ。
- ● 申し訳ありません。明日には届くと思いますが，届きしだいお電話します。
- ◇ ええ，ぜひお願いします。

解説

　ここでの Es tut mir Leid. は「申し訳ありません」と訳しましたが，「わざわざ来たのに品物が来ていなくてお気の毒ですね。でもどうしようもありません」という意味です。Entschuldigung! に「申し訳ない」という謝罪の気持ちがこめられているのに対し，Es tut mir Leid. は「お気の毒ですが，しかたない」という気持ちがあります。

　Ich komme doch von außerhalb. の doch には，「せっかく～したのに」という非難の気持ちがこめられています。「郊外から来たのに」のところをもう少しダイレクトに，**Hätten** Sie mich nicht **anrufen können?**「電話をかけることができたのではないですか？」，すなわち「電話くらいかけてくれてもいいんじゃないかしら？」と言ってもいいですね。

　最後の Ich bitte Sie darum.「お願いしますよ」という表現には，かなり皮肉がこめられています。darum は dar- + um。

注
1. **Wie bitte?**：5課の **Situation 1b** の「なんですって？」と同じ。
2. hätten + 不定形 + können は接続法の「非現実の用法」で，「～できたのに(しなかった)」という意味になります。
   hätte+ 不定詞 +sollen 　「～すべきだったのに(しなかった)」
   hätte+ 不定詞 +müssen 　「～しなければならなかったのに(しなかった)」

Situation 2 買ったものが不良品だったので，「交換してください」とお店で言う場面です。

> ◇ Entschuldigung?
> ● Ja, bitte?
> ◇ Vor ein paar Tagen habe ich dieses Hemd gekauft, **aber am Ärmel ist es gerissen. Können Sie es umtauschen?**
> ● Haben Sie den Kassenbon?
> ◇ Ja, den habe ich. Bitte schön!
> ● Ich schau mal nach, ob wir noch eins im Lager haben. Augenblick, bitte.
>
> ◇ すみません。
> ● はい，なんでしょうか？
> ◇ 先日このシャツを買ったのですが，袖が破れていました。交換していただけますか？
> ● レシートはお持ちですか？
> ◇ はい。これです。
> ● 在庫があるかどうか確認してみますから，しばらくお待ちください。

解 説

品物を交換するときには，um|tauschen という分離動詞を使います。Können Sie es umtauschen? の代わりに，「交換してもらいたい」というニュアンスを含み，Ich möchte es umgetauscht haben / bekommen. と言うこともできます。なお，es は das Hemd ですから，der Rock など男性名詞なら ihn, die Hose のように女性名詞なら sie となります。

返品したいときには zurück|geben という動詞を使って，Ich möchte es zurückgeben. と言います。買った品物に欠陥があった場合は，その欠陥を指摘しなければなりません。ここでは「袖が破れている」Am Ärmel ist es gerissen. ですが，いくつかの欠陥を指摘する表現をおぼえましょう。

ボタンが1つ取れている。	いすががたがたする。	時計が遅れる／進む。	テレビがうまく動かない。
Ein Knopf ist ab.	Der Stuhl ist wackelig. / Der Stuhl wackelt.	Die Uhr geht nach / vor.	Der Fernseher geht nicht.

CD-58 **Situation 3**　車を修理に出してとりに行ったら，依頼していない箇所も修理されたために修理費が高くついてしまった，という場合です。

◇ Guten Tag! Mein Name ist Anders. Ich möchte mein Auto abholen. Das müsste schon fertig sein.

● Ja, Frau Anders, Ihr Auto ist abholbereit. Hier ist Ihr Schlüssel und die Rechnung.

◇ 300 Euro? **Wie kommen Sie auf diesen Betrag?** Ich habe doch gesagt, Sie sollten nur Öl wechseln und die Bremsen überprüfen!

● Der Auspuff war auch total veraltet und wir haben ihn erneuert.

◇ **Aber das war nicht vereinbart. Hätten Sie mich nicht anrufen und fragen können?**

◇ こんにちは。アンダースです。車をとりに来ました。もう修理も終わっているはずですが。

● ええ，アンダースさん，できていますよ。かぎをどうぞ。それから，これが請求書です。

◇ 300ユーロですって？　どうしてこんなに高いのですか？　オイル交換とブレーキの点検をお願いしただけなのに。

● マフラーもずいぶん古くなっていたので交換しました。

◇ でも，それは修理の依頼項目ではなかったわ。電話で確認するくらいはできたのではないかしら？

解説

　「どうしてこんなに高いのですか？」というのは，より簡単にWarum ist das so teuer? と言うこともできます。ここでは「どうやったらこんな額になるのですか？」というニュアンスを含めて，Wie kommen Sie auf diesen Betrag? と表現しています。

　Ich habe doch gesagt, ... の doch も，前述と同じように，「言ったじゃないですか！」という非難の気持ちがこもっています。

　Sie sollten nur Öl wechseln ... の sollte は sollen の過去形で，「オイル交換だけするように言われた(のに，そうではなかった)」という意味です。sollen の過去形 (「～と言われたのに，実際は違った」) と接続法第2式はともに sollten ですが，意味が違います (第8課 S. 79 参照)。

　あらかじめ取り決めのなかった修理で，膨大な額の請求書がきた場合は，はっきりと毅然とした態度で苦情を言いましょう。Das war nicht vereinbart!「そんなことは取り決めていませんでしたよ」という表現は，いろいろな場面で使える便利な表現です。

　さて，修理工場の対応はさまざまでしょう。電話をしなかったことに対して謝罪し，修理代を少し安くしてくれる場合はいいとして，「すぐにでも換えないといけなかったから」「連絡がとれなかったから」と正当化する場合には，Ich möchte Ihren Chef sprechen.「上司の方とお話ししたい」と言うとあんがい効き目があるかもしれませんね。

注
1. **abholbereit :** bereit は「準備ができている」，abholbereit は「[ab]-holen (取りに来る) するのに準備ができている」
2. **Wie kommen Sie auf diesen Betrag? :** auf et^4 kommen で「物^{4}に達する」。「どうしたら，この額に達するのか？」

重要表現

苦情を言う

ボタンが1つ取れています。	Ein Knopf ist ab.
いすががたがたするのです。	Der Stuhl ist wackelig.
	Der Stuhl wackelt.
時計が遅れるのですが。	Die Uhr geht nach.
時計が進みます。	Die Uhr geht vor.
テレビがよく映りません。	Der Fernseher geht nicht.
これを交換してもらえますか？	Können Sie es umtauschen?
これを交換してもらいたいのですが。	Ich möchte es umgetauscht haben.
これを返品したいのです。	Ich möchte es zurückgeben.
返金していただきたいのです。	Ich möchte das Geld wieder zurück.
昨日届くということでしたが。	Es sollte doch gestern schon da sein.
電話くらいしてくれてもいいんじゃないですか？	Hätten Sie mich nicht anrufen können?
もう少し早く知らせることができなかったのですか？	Hätten Sie es mir nicht früher sagen können?
それは打ち合わせていませんでしたよ。	Das war doch nicht vereinbart!

Übung

次の会話にあてはまるドイツ語の文を，次頁の下から選んで補いましょう。

1. ● Guten Tag, ich habe vorgestern diesen Pullover gekauft, aber **1)** _____ _____ . **2)** _____ _____ ?
   ◇ Ich schau mal nach, ob wir den gleichen Pulli im Lager haben.

2. ● Guten Tag, ich möchte die CD abholen, die ich bestellt habe. Bollmann ist mein Name.
   ◇ Herr Bollmann ... Oh, leider ist die CD noch nicht eingetroffen. Sie kommt erst morgen rein.
   ● **3)** _____ _____ ?
   ◇ Es tut mir Leid. Wir rufen Sie an, wenn sie da ist.
   ● **4)** _____ .

3. ● Entschuldigung, ich habe diese Uhr gekauft, aber
   5) _____ .
   6) _____ ?
   ◇ Oh, es tut mir Leid, das war die letzte im Angebot. Möchten Sie die Uhr reparieren lassen?
   ● Nein, danke. Ich habe doch eine neue Uhr gekauft.
   7) _____ .
   ◇ In diesem Fall machen wir das selbstverständlich.

4. ● Ich möchte den CD-Player abholen, den ich zur Reparatur abgegeben habe.
◇ Wie ist Ihr Name, bitte?
● Pape, Angelika Pape.
◇ Frau Pape ..., ja! Hier ist Ihr CD-Player. Die Reparatur kostet 120 Euro.
● **8)** _____ ?
◇ Der Player war sehr verschmutzt, und wir haben ihn gründlich gereinigt.
● **9)** _____ .
   10) _____
   _____ .
◇ Aber dann hält das Gerät länger, Frau Pape.
● Ja, schon. Das verstehe ich. Aber **9)** _____
_____ . Ich zahle nur für die Reparatur.
◇ Das geht aber nicht!
● **11)** _____ ?
◇ Tja, na dann, diesmal zahlen Sie 90 Euro, nur für die Reparatur. Aber wir haben es gut gemeint.
● Gut gemeint, aber so geht das nicht. Sie können alles machen, wenn ich damit einverstanden bin, sonst nicht! Auf Wiedersehen.

a) sie geht nach.   **b)** Das / das war nicht abgemacht.
c) Kann ich bitte Ihren Chef sprechen?
d) der Ärmel ist gerissen.   **e)** Ich möchte das Geld wieder zurück.
f) Können Sie sie umtauschen?   **g)** Können Sie ihn umtauschen?
h) Ja, ich bitte Sie darum.   **i)** Wie bitte? So teuer?
j) Wie bitte? Erst morgen? Hätten Sie mich nicht anrufen können?
k) Dann hätten Sie mich fragen müssen.

解答

1) - d), 2) - g), 3) - j), 4) - h), 5) - a), 6) - f),
7) - e), 8) - i), 9) - b), 10) - k), 11) - c)

訳例

1. ● こんにちは。一昨日このセーターを買ったのですが，袖口が擦り切れています。交換してもらえますか？
   ◇ 倉庫に同じものがあるかどうか確認してみます。
2. ● 注文していたCDをとりに来ました。ボルマンと申します。
   ◇ ボルマンさんですね。申し訳ありません。まだ来ていないようです。明日入荷しますが。
   ● なんですって？ 明日ですか？ 電話くらいいただけなかったのでしょうか？
   ◇ 申し訳ありません。入荷ししだい，お電話します。
   ● ええ，ぜひお願いします。
3. ● すみません。この時計を買ったのですが，遅れるのです。交換できますか？
   ◇ 申し訳ありません。残念ながら，最後の一点でした。修理しましょうか？
   ● いえ，それは結構です。新しい時計を買ったのですよ。返金してください。
   ◇ こういうことですから，もちろんです。
4. ● 修理に出していたCDプレーヤーをとりに来ました。
   ◇ お名前は？
   ● パーペです。アンゲーリカ・パーペと申します。
   ◇ パーペさま。はい，こちらです。修理代120ユーロです。
   ● なんですって？ そんなに高いのですか？
   ◇ 機械が汚れていたので，クリーニングしました。
   ● でも，それは打ち合わせていませんでしたよ。尋ねてくださるべきでした。
   ◇ しかしね，パーペさん，これで機械も長持ちするんですよ。
   ● それはそうですわね。それはわかります。でも打ち合わせていないのですから，修理代しか払いません。
   ◇ それはないですよ。
   ● 上司の方とお話しできますか？
   ◇ それはちょっと…。それでは今回は修理代の90ユーロだけで結構です。けれども，よかれと思ってやったことなのですよ。
   ● よかれと思ったとしても，やったことは間違いです。私が合意すれば何をしていただいてもかまいませんがね。そうでなければだめです。さようなら。

8

仕事は辞めないほうがいいよ
─ アドバイスをする ─

この課のねらい

　ここでは，人から相談をもちかけられてそれに答える場合，「こうしなさいよ」，「こっちがいいよ」とか，「私ならこうするけど…」など，いろいろなアドバイスをする際の表現をおぼえます。

CD-61　**Situation 1a**　友人が，どちらのセーターにしたらいいか相談してきました。

◇ Was meinst du? Welchen Pulli soll ich denn nehmen?
● Der weiße steht dir besser. **Nimm doch den weißen!**
◇ Meinst du? Gut, dann nehme ich den weißen.

　◇ ねえ，どっちのセーターにすればいいと思う？
　● 白いほうが似合うよ。白いほうにしなよ。
　◇ そうかな？　そうね。これにするわ。

CD-62　**Situation 1b**　同じ相談ですが，答え方が違います。

◇ Du, welchen Pulli würdest du denn nehmen?
● Hm ... **Ich würde den blauen nehmen.**

　◇ ねえ，君ならどっちのセーターにする？
　● そうねえ…私なら青いほうにするな。

解説

Situation 1a では，相談をもちかけられた側がストレートに Nimm doch den weißen! と答えています。親しい人からの相談で，相談を受けた側の意見がはっきりとしている場合には，このように命令形を使って表現すればよいでしょう。

相談相手が買い物友だちのような人なら，Welchen Pulli soll ich denn nehmen? のほかに，Welchen Pulli **würdest** du **nehmen**?「あなたならどっちのセーターにする？」と尋ねることもできます。その場合には，Ich **würde** den weißen **nehmen**. と答えることができます。

このように接続法第 2 式の **würden** + 不定形を用いて，「自分ならこうするだろうに」という婉曲なアドバイスをすることができます。

> Du bist doch krank. Ich **würde** im Bett **bleiben**.
> 君，病気じゃないの。僕なら寝ているけどな。

> Du bist doch krank. **Bleib** doch im Bett!
> 君，病気じゃないの。寝ていなさいよ。

また，アドバイスを乞うときには，

> Was **soll** ich denn **machen**?
> ねえ，どうしたらいいと思う？

> Was **würdest** du **machen**? / Was **würden** Sie **machen**?
> あなたならどうする？/どうしますか？

と言うことができます。

CD-63 Situation 2 仕事を辞めようかと悩んでいる友人に，「そんなばかなことはおよしなさい」と少し厳しく言う場面です。

◇ Du, Birgit, ich überlege mir gerade, ob ich kündigen soll.
● Warum das denn?
◇ Tja, mit einem Kollegen komme ich nicht gut aus.
● Du willst einfach kündigen, weil du einen Kollegen nicht ausstehen kannst? **Tu das bloß nicht, du!** Unangenehme Kollegen gibt es überall!

◇ ビルギット，実は僕，今の仕事を辞めようかと考えているんだ。
● それはまたいったいどうして？
◇ 同僚のひとりと合わなくてね…。
● 同僚とうまくいかないから辞めるですって？ そんなばかなことはやめなさいよ！ いやな同僚なんてどこの職場にもいるわ。

解説

「～だから，辞めたいって言うの？」というのは，Du willst einfach kündigen, weil ... で表現できます。

Tu das bloß nicht, du! は命令形を用いたアドバイスで，「冗談じゃない，およしなさいよ，あなた！」という意味になります。この場合の bloß には威嚇(いかく)のニュアンスがこめられていて，諌(いさ)める際の表現になります。

ここでは，相手が気心の知れた友人であるということと，会社を辞める理由が「同僚の１人と気が合わない」というささいなことなので，「そんなことで会社を辞めたりするのはおやめなさい」という強い口調になっています。仲のいい友人でも，理由によっては少し慎重にアドバイスをしなくてはいけません。Sie で話す間柄でも，気心が知れている場合は Tun Sie das nicht! と言ってもかまいませんが，目上の人には使いません。

Unangenehme Kollegen gibt es überall. は，「いやな同僚なんてどこにでもいる」，すなわち「どこの職場に行っても同じだよ」という意味です。

注 1. **mit j³ gut aus|kommen**：「人³ とうまくやっていく」
2. **et⁴ / j⁴ nicht aus|stehen können**：「物⁴・人⁴ が我慢できない」「物⁴・人⁴ が耐えられない」

Situation 3 今度は,「自分ならこうする」というアドバイスをしています。

◇ Du, Birgit, ich überlege mir gerade, ob ich kündigen soll.
● Warum das denn?
◇ Mir geht es gesundheitlich nicht gut. Du weißt ja, dass unsere Firma umgezogen ist. Jetzt habe ich längere Anfahrtswege, und ich muss auch fast jeden Tag Überstunden machen. In der Nacht kann ich auch nicht gut schlafen. Ich weiß nicht, wie lange ich das noch aushalten kann ...
● Oh, das tut mir aber Leid. Gibt es wirklich keine andere Möglichkeit als zu kündigen? **Ich würde zuerst zu meinem Chef gehen und mit ihm reden.** Gegen lange Anfahrtswege kann man nichts machen. Aber vielleicht brauchst du nicht mehr so viele Überstunden machen. **Und wenn du Schlafstörungen hast, solltest du unbedingt zum Arzt gehen.** Jedenfalls **solltest du nicht zu voreilig sein.** Kündigen kannst du ja jederzeit.
◇ Du hast Recht. Ich rede einmal mit meinem Chef. Danke für deine Ratschläge!

◇ ビルギット,実は僕,今の仕事を辞めようかと考えているんだ。
● それはまたいったいどうして？
◇ 体調が悪くてね。ほら,会社が引っ越しただろう。通勤時間が長くなったうえに,ほぼ毎日のように残業なんだ。夜もよく眠れないし,こんなことでは,いつまで続くかわからないからね。

● まあ，それは大変だわ。でも，辞める前に何か方法はないかしら。私ならまず，上司に相談してみるわ。通勤に時間がかかるのはしかたがない。でも，今の状況を話してみたら，残業を減らすことができるかもしれないわ。それと，睡眠障害に関しては，お医者さんに相談したほうがいいわ。いずれにしろ，あまり結論を急がないで。辞めるのはいつでもできるから。
◇ そうだね。わかった。一度上司に話してみるよ。アドバイスありがとう。

解説

　Situation 2 のように，「やめなさい！」と言うのではなく，いくつかの具体的な提案をする場合の表現です。まず Ich würde [zuerst] zu meinem Chef gehen und mit ihm reden. と，「私ならこうすると思うけど…」と言っています。

　また，「お医者さんに行きなさい」ではなく，sollen の接続法第 2 式 sollten を使うと，「行ったほうがいいよ」と婉曲なアドバイスになります。

　最後に「結論を急がないで」というのも，Sei nicht zu voreilig. でもかまいませんが，「あまり急いで結論を出さないほうがいいよ」というニュアンスで，Du solltest nicht zu voreilig sein. と言っています。

　このように，相談の内容や相手との関係によっては，婉曲にアドバイスしたほうがいいこともあります。なお，Ich würde zu meinem Chef gehen und mit ihm reden. の前に Wenn du mich fragst, をつけて，Wenn du mich fragst, würde ich zu meinem Chef gehen und mit ihm reden. 「私にアドバイスを求めているのなら，私だったらまず上司に相談するけど」と言うこともできます。もちろん An deiner Stelle würde ich zu meinem Chef gehen und mit ihm reden. と言ってもいいでしょう。

重要表現

CD-65

こっちのセーターにしなさいよ。	Nimm doch diesen Pulli! Nehmen Sie doch diesen Pulli!
私ならこの白いセーターにするわ。	Ich würde den weißen Pulli nehmen.
そんなことはおよしなさいな。	Tu das bloß nicht! Tun Sie das nicht!
ぜひそうしなさいよ。	Tu das bloß! Tun Sie das!
私ならそうはしないけど。	Ich würde das nicht machen. An deiner Stelle würde ich das nicht machen. Wenn du mich fragst, würde ich das nicht machen.
お医者さんに行ったほうがいいですよ。	Du solltest zum Arzt gehen. Sie sollten zum Arzt gehen.
それは自分で判断してくださいな。	Das musst du selber wissen. Das müssen Sie selber wissen. (目上の人には使わない)
私には判断しかねます。	Das weiß ich wirklich nicht. Da bin ich einfach überfragt.

Übung

D-66 **1** 日本語に合うよう，例にならい，würden を用いて，アドバイスをしたり，助言を求めたりしてみましょう。

例 Ich esse die Spezialitäten des Landes.
私はその国の郷土料理を食べます。

➡ Ich würde die Spezialitäten des Landes essen.

1. Welches Buch liest du zuerst?　君はどの本を先に読む？

   ➡ _____ .

2. Was macht ihr dann?　そうしたら君たち，どうする？

   ➡ _____ ?

3. Dann bleiben wir zu Hause.　それなら家にいるよ。

   ➡ _____ .

4. Welche Musik gefällt dir besser?　どちらの音楽が君は気に入った？

   ➡ _____ ?

CD-67 **2** 次の会話の下線部にあてはまるドイツ語を，下の **a)**〜**f)** から選んで記入しましょう。

● Hallo, Tobias! Wie geht's?
◇ Hallo, Christina! Gut, und selbst?
● Eigentlich gut, aber ich habe ein Problem.
◇ Und das wäre? Wegen der Arbeit?
● Ja. Ich habe ein interessantes Angebot von einem Reisebüro. Die Arbeitsstelle ist aber in Shanghai. Einerseits freue ich mich, aber anderer seits ...
  1) _____
  _____ ?
◇ Na ja, du hast ja schließlich Chinesisch studiert. Das ist doch ein tolles Angebot! **2)** _____ .
Mensch! Du bist doch noch so jung! Auslandserfahrung bringt Vorteile! Hast du schon mit deinen Eltern darüber gesprochen?
● Ach, was! **3)** _____ .
◇ **4)** _____ !
  5) _____
  _____ .

● Mit dem Brief ... Das ist eine gute Idee. Ja, das ist ja eine einmalige Chance. Vielleicht darf ich die Gelegenheit nicht verpassen.
◇ **6)** _____ ! Das wäre dumm!

  a) Du kannst ihnen doch einen Brief schreiben, wenn es für dich zu schwierig ist, direkt mit ihnen zu sprechen.
  b) Die sind bestimmt dagegen!
  c) Ich würde die Stelle annehmen.
  d) Tu das bloß nicht!
  e) Was würdest du an meiner Stelle machen?
  f) Aber du musst mit ihnen sprechen!

> 解答

> 1

1. Welches Buch würdest du zuerst lesen?
2. Was würdet ihr dann machen?
3. Dann würden wir zu Hause bleiben.
4. Welche Musik würde dir besser gefallen?

> 2

1) - e), 2) - c), 3) - b), 4) - f), 5) - a), 6) - d)

> 訳例

> 2

● トビーアス，こんにちは。元気？
◇ やあ，クリスティーナ。元気だよ。君は？
● まあ元気だけど，ひとつ問題があるのよ。
◇ それで？ 仕事のことかい？
● ええ。旅行会社からとてもおもしろそうなオファーがあるのだけど，職場が上海なのよ。一方ではうれしいけど，他方ではね…。あなたが私の立場ならどうする？
◇ そうだな，君はそもそも中国語を専攻したんだし，いい話じゃないか。僕なら，そのオファーを受けるけどな。ねえ，君はまだ若いんだし，海外経験はプラスになるよ。両親とはもう話した？
● 冗談でしょ。反対に決まってるじゃないの。
◇ でも話さなきゃいけないよ。もし，直接話すのが難しいなら，手紙を書けばいいじゃないか。
● 手紙ね。それはいい考えだわ。そうね，二度とないチャンスよね。逃しちゃいけないかも。
◇ 逃しちゃだめだよ。後悔するよ。

9

お先に失礼します
― 会話を終える ―

この課のねらい

せっかくもりあがった会話を終えるのは難しいですね。ここでは，どのように会話を終えればよいか，またそのタイミングは…？ などの，「会話のしめくくり」の表現をおぼえましょう。

CD-68 **Situation 1** お茶に呼ばれたお宅で，「さてそろそろ失礼します」と言う場面です。

◆ Oh, es ist schon 5 Uhr. **Ich muss langsam gehen.**
○ Schade! Es war aber schön, dass wir uns in Ruhe unterhalten konnten.

◆ あれ，もう5時だ。そろそろ失礼します。
○ 残念だわ。でもゆっくりお話ができてよかったわ。

解　説

「そろそろ」は langsam という語で表現できます。

Ich muss langsam gehen. のほかに，Ich muss langsam los. と言うこともできます。唐突に Ich muss langsam gehen [los]. と言うのは不自然ですが，ここでは前に「もう5時だ」を添えることで，不自然さがなくなっています。

そのほか So「さて」を使っても，So, ich muss langsam los. と突然さを避けることができます。ただしこの場合，So と ich の間で少し区切ってください。

「そろそろ」ではなく，「急いでいる」のでもう行かなければという場合には，Ich muss weiter. と言うことができます。次の会話は，近所のおしゃべり好きな隣人に会い，なかなか話が終わりそうにないため，勇気を持って話を打ち切る場合です。

Situation 2

◆ Ja, und wissen Sie ...,

○ Frau Weiher, **tut mir Leid, ich muss weiter. Schönen Tag noch!**

◆ それでね…
○ ヴァイアーさん，すみません。もう行かなければ。さようなら。

Tut mir Leid. と先に言い，ich muss weiter. の後で Schönen Tag noch!「よい日をお過ごしください」＝「さようなら」と言うことで，礼を失することにはなりません。

CD-70 **Situation 2a**　レセプションで，目上の人に「これで失礼します」とあいさつをして帰る場面です。

◆ Entschuldigen Sie, dass ich Sie unterbreche. **Herr Berger, ich verabschiede mich jetzt.**
○ Frau Wessels, wir sehen uns nächste Woche!
◆ Ja. Schönen Abend noch!

　◆ お話の途中，失礼します。ベルガーさん，私はこれで失礼します。
　○ ヴェッセルスさん，来週お目にかかりますよね。
　◆ ええ。では失礼します。

CD-71 **Situation 2b**　友人宅でのパーティーで楽しく過ごした後，「先に失礼するよ」と言う場面です。

◆ Tut mir Leid, dass ich euch unterbreche. Du, **wir müssen langsam gehen.** Es war sehr schön. Vielen Dank!
○ Hat mich auch gefreut, dass ihr gekommen seid. Kommt gut nach Hause!
◆ Danke! Schönen Abend noch!

　◆ 話の途中で申し訳ないけど，そろそろ帰らなければならないんだ。とても楽しかったよ。ありがとう。
　○ あなた方が来てくれて，私もうれしかったわ。気をつけて帰ってね。
　◆ ありがとう。じゃあね。

解説

招待されたパーティーで先に帰る際，ホストにあいさつをしようとして，そのホストが誰かと話をしている場合には，Entschuldigen Sie, dass ich Sie unterbreche. とひとこと断ってあいさつします。相手が上司であるとか，取引先の人など目上の人には，Ich muss langsam gehen. と言うよりは，Ich verabschiede mich jetzt. のほうがエレガントです。

これに対して，ベルガーさんはここでは来週の約束を出していますが，Frau Wessels, schön, dass Sie da waren. Kommen Sie gut nach Hause!「ヴェッセルスさん，お越しくださってありがとうございました。気をつけてお帰りください」と言うこともできます。

親しい間柄だと，**Situation 2b** のように，Wir müssen langsam gehen. と言えばよいでしょう。

Situation 3　仕事関係の人と話をしています。相手はちらっと時計を見て時間を気にしているようですが，切り出せずにいるようです。そんなときはこちらから，「これでおいとまします」と言いましょう。

◆ Herr Tamm, **es hat mich gefreut, dass ich Sie sprechen konnte. Ich möchte mich jetzt verabschieden.**

○ Ich habe mich auch gefreut. Vielen Dank, dass Sie gekommen sind.

　　◆ タムさん，今日はお目にかかれてよかったです。これでおいとまします。
　　○ こちらこそ。(よかったです。)　わざわざおいでくださってありがとうございました。
　　注　Es hat mich gefreut, dass ich Sie sprechen konnte. の sprechen には，「話をする」のほかに「面会する」という意味があります。

CD-73 **Situation 4** ドイツに暮らしていましたが，近々日本に帰るので，お世話になった隣近所の人たちにあいさつに行きました。話は弾んでいますが，まだ準備があるのでおいとまします。

◆ So, Frau Römer, ich möchte mich jetzt verabschieden. **Vielen herzlichen Dank für alles! Sie haben mir sehr viel geholfen!**

○ Das habe ich gern getan! Herr Sasaki, alles, alles Gute! Bleiben Sie gesund!

◆ さて，レーマーさん，これで失礼します。いろいろお世話になって，本当にありがとうございました。
○ いいえ，そんなこと…。佐々木さん，これからもどうぞ頑張ってください。お元気で。

解説

　「お世話になりました」は Vielen Dank für alles [, was Sie für mich getan haben]! ですが，「本当に」と感謝の気持ちを強調したい場合には，Vielen, vielen Dank! と vielen を繰り返したり，Vielen herzlichen Dank! と言うことができます。

　また，相手から「お世話になりました」と言われた場合に，日本語では「いえいえ，とんでもない」と言いますね。そのため，Ich habe nichts getan! と言いたくなりますが，ドイツ語では「喜んでしたのですよ」という意味で，Das habe ich gern getan. と言います。

　たとえば，お世話になった先生に Vielen herzlichen Dank für alles! と言うと，Das war mein Job. という返事が返ってくることがあります。「仕事だから…」とあまりにもサラリとしすぎてあっけにとられることがあるかもしれませんが，これには「当然のことをしたまでです」というニュアンスが含まれています。

　日本語では，ほんの短い別れでも「元気でね」と言うことが多いのですが，**Situation 4** で使われている Bleiben Sie gesund! は，おそらくもう二度と会わないであろう，あるいはしばらく会うことはない相手に言う表現です。

　バカンスに行く相手には Kommen Sie / Komm gesund zurück!, または Kommen Sie / Komm gesund wieder! と言って別れます。日本で日常的に使われている「元気でね」はドイツ語では Machen Sie es / Mach's gut! か Ich wünsche dir was. と言えばよいでしょう。was は etwas の省略形で，会話でよく使われます。

重要表現

CD-74

さて，そろそろ行かなければ。	So, ich muss langsam gehen.
	So, ich muss langsam los.
すみません。もう行かないと。	Tut mir Leid, ich muss weiter.
さようなら。	Schönen Tag noch!
お先に失礼します。	Ich verabschiede mich jetzt.
お先に失礼させていただきます。	Ich möchte mich verabschieden.
気をつけてお帰りください。	Kommen Sie gut nach Hause!
お目にかかれてよかったです。	Ich habe mich gefreut, dass ich Sie sprechen konnte.
お世話になりました。	Vielen Dank für alles!
本当にお世話になりました。	Vielen, vielen Dank für alles!
	Vielen herzlichen Dank für alles!
お元気で。	Bleiben Sie gesund!
	Alles Gute!
	Alles, alles Gute!
お元気で行ってらっしゃい。	Komm gesund wieder!
	Kommen Sie gesund wieder!
元気でね。またね。	Mach's gut!
	Machen Sie es gut!

D-75 Übung

次の会話で一番適切な返事，または表現を選んで，✓ 印をつけてください。

1. (電話で)

Du, ich muss jetzt Schluss machen.
Mein Mann kommt gleich.

        a. (　)　Ach so, schade! Tschüs!
        b. (　)　Oh, wir haben so lange telefoniert. Grüß ihn von mir!

2. (電話で)

Ich möchte Sie nicht länger aufhalten.

        a. (　)　Ach, was! Ich habe noch Zeit. Reden wir noch weiter!
        b. (　)　Ach, was! Aber jetzt machen wir Schluss! Wir sehen uns am Montag in alter Frische! Schönes Wochenende!

> 注　**in alter Frische :** (ここでは)「週末にゆっくりと休んだ後，月曜日には新鮮な気持ちで」

3. (直接会っているとき)

Leider muss ich jetzt weiter.
Ich wünsch dir was!

        a. (　)　Danke, ich dir auch! Tschüs!
        b. (　)　Was musst du denn noch machen?

4. (直接会っているとき)

    a. (　) Jetzt muss ich weiter.
    b. (　) Wir machen jetzt Schluss!
    c. (　) Oh, ich habe Sie aufgehalten!

        Ach, was! Es war ein Vergnügen. Kommen Sie doch einfach mal vorbei! Wir können ja mal zusammen Kaffee trinken und in Ruhe reden!

5. (パーティー会場で)

    a. (　) Herr Weyer, ich möchte mich jetzt verabschieden. Vielen Dank für die Einladung! Es war sehr nett!
    b. (　) Herr Weyer, es ist so spät, ich muss nach Hause. Auf Wiedersehen!

        Schön, dass Sie gekommen sind! Kommen Sie gut nach Hause!

6. (友人のパーティーに呼ばれて)

    a. (　) Du, wir möchten uns jetzt verabschieden. Danke! Es war sehr schön!
    b. (　) Du, wir möchten jetzt gehen. Danke, es war sehr schön.
    c. (　) Du, wir müssen langsam gehen. Danke, es war sehr schön. Ich melde mich wieder!

        Schön, dass ihr gekommen seid. Kommt gut nach Hause!

☐ 訳例と解答

1. さて、そろそろ切り上げましょう。夫がもう帰るのよ。
   b. ああ、こんなに長く話してしまったんだね。ご主人によろしく。

2. これ以上お引き止めしては…
   b. とんでもない。でもそろそろ終わりにしましょう。月曜日にまた元気に会いましょう。よい週末を。

3. 残念ながらもう行かないと。じゃあ、元気で。
   a. ありがとう。君も。じゃあね。

4. **c.** ああ、すっかりお引き止めしてしまいました。
   とんでもない。とても楽しかったです。またいらしてください。お茶でも飲んで、ゆっくり話しましょう。

5. **a.** ヴァイアーさん、そろそろ失礼いたします。お招きありがとうございました。とても楽しかったです。
   いらしてくださってありがとう。気をつけてお帰りください。

6. **c.** ねえ、そろそろ帰らなければならないんだ。ありがとう。とても楽しかったよ。また連絡するよ。
   来てくれてありがとう。気をつけて帰ってね。

10
おめでとう
― お祝いの言葉 ―

この課のねらい

　ここでは誕生日や結婚に際して、また試験合格を祝ったり、新年のあいさつなど、さまざまなシチュエーションでの「おめでとう」という表現をおぼえます。

CD-76　Situation 1　今日は友人の誕生日です。電話でお祝いを言います。

◇ Haller.
● Christa, hier. Hallo, Henning! **Herzlichen Glückwunsch zum Geburtstag!**
◇ Oh, **danke!**

◇ もしもし、ハラーです。
● クリスタです。ヘニング、お誕生日おめでとう。
◇ ありがとう。

解説

　ドイツ人にとって，誕生日は大切な日です。特に親しい人はもちろんのこと，そうでなくても誕生日を迎えた人 (*s* Geburtstagskind) には，忘れずにひとこと「おめでとう」と言うのがふつうです。知人や友人の誕生日を記入するカレンダー (*r* Geburtstagskalender) を家の中に置いて，誕生日を忘れないようにしている人もいます。毎年誕生日には友人を招待して祝う，という人もいれば，特にお祝いをしない人もいます。

　また，30歳，40歳，50歳…と0のつく誕生日 (der runde Geburtstag) には，レストランを借り切って，盛大にお祝いする人もいます。また，日本では Geburtstagskind は食事に招待されることもありますが，ドイツでは通常は Geburtstagskind はごちそうする側になります。

　Herzlichen Glückwunsch [zum Geburtstag]! の代わりに，Alles Gute [zum Geburtstag]! と言うこともできます。またこのようなときには，Herzlichen Glückwunsch! と言いながら，握手をするのがふつうです。

　逆に「おめでとう」と言われた場合は，ダイアローグにあるように Danke! と答えます。握手を求められながらお祝いの言葉を言われたら，すぐに手を出して Danke! と言ってください。

Situation 2　職場でコーヒーとケーキの用意をしている人に，同僚が尋ねます。

◇ Das sieht aber gut aus! Haben Sie vielleicht heute Geburtstag?
● So ist es.
◇ Ach, so! **Herzlichen Glückwunsch! Alles Gute!**
● Danke!

◇ おや，これはおいしそうだ。ひょっとして今日，誕生日なのですか？
● ええ，そうなのです。
◇ それはそれは…。お誕生日おめでとう！
● ありがとうございます。

解説

　「誕生日は Geburtstagskind が招待するもの」という考え方がふつうのドイツでは，職場にケーキやパンを持っていって，誕生日を祝う人もいます。一般に，午前中の休憩にお茶を出す場合にはパンやサンドイッチを，午後だとケーキを出すことが多いようです。

　誰かがひとりで部署や職場全員にお茶の用意をしている場合は，このように Haben Sie [vielleicht] heute Geburtstag? と聞いてみましょう。また，みんなが集まり，お茶の用意がしてあれば，Hat jemand Geburtstag? と聞いてみるとよいでしょう。お祝いも言わずに黙って食べるのは，後で気まずい思いをしますからね。

　ドイツ人にとって，誕生日はそれほど大切な日ではありますが，忘れてしまったり，その日は会えなかったり…ということはあります。後日気がついたら，Nachträglich herzlichen Glückwunsch zum Geburtstag!，または Nachträglich wünsche ich Ihnen alles Gute zum Geburtstag!「遅ればせながら，おめでとう」と言います。

　日本では，誕生日の前にも「おめでとう」と言うことがありますが，ドイツでは，事前にお祝いするとよくないことがある (Das bringt Unglück.) と言われていますから，誕生日にお祝いが言えないからといって，事前に (im Voraus) 言うよりは，事後に (nachträglich) 言うほうがよさそうです。

　また，Herzlichen Glückwunsch! の代わりに，Gratuliere! (= Ich gratuliere!) と言うこともできます。

Tipps

　小学校や中学校では，誕生日に家で焼いたケーキを持ってくる子どももいます。そして，日本では考えられないことですが，Geburtstagskind はその日だけ宿題を免除されるという特典があるのです。

CD-78 Situation 3　クリスマスに友人に電話をしました。

◇ Becker.
● Hallo, Katja, Andreas hier. **Ich möchte dir frohe Weihnachten wünschen.**
◇ Das ist aber lieb. **Frohe Weihnachten wünsche ich dir auch.**
● Danke!

◇ もしもし，ベッカーです。
● カティア，アンドレーアスだけど，メリークリスマスを言いたくて。
◇ それはどうもありがとう。メリークリスマス。
● ありがとう。

CD-79 Situation 4　年が明けて，知っている人に会いました。

◇ **Frohes neues Jahr!**
● **Frohes neues Jahr!** Sind Sie gut ins neue Jahr gekommen?
◇ Ja. Sie auch?

◇ あけましておめでとうございます。
● おめでとうございます。よいお年をむかえられましたか？
◇ ええ。あなたも？

解説

　新年やクリスマス，復活祭に際しての「おめでとう」は，Herzlichen Glückwunsch! とは言いません。形容詞 froh「楽しい」を使って表現します。

　これは電話の会話なので，電話の趣旨を言うため Ich möchte dir ... と言っていますが，面と向かって言う場合には Frohe Weihnachten! だけで十分です。またそれに対する返事は Frohe Weihnachten! と返します。Frohe Weihnachten! の代わりに Frohes Fest! と言うこともできます。

　Situation 4 の Sind Sie gut ins neue Jahr gekommen? は，gut ins neue Jahr kommen「よい年を迎える」の現在完了。年末に「どうぞよいお年をお迎えください」と言うときには，命令形を使って Kommen Sie gut ins neue Jahr! と言います。

　新年のあいさつ Frohes neues Jahr! は，Ich wünsche Ihnen / dir ein frohes neues Jahr! の意味で使っているので，年明け前にも使うことができます。その場合には Danke, Ihnen / dir auch! と返事をします。クリスマス・復活祭のあいさつも同様に，事前に言うことができます。反対にクリスマスや復活祭が過ぎてしまってからでは，タイミングが合わないので言いません。

　日本人にはあまりなじみのないキリスト教のお祭り，復活祭 (Ostern) にも，froh を使って Frohe Ostern! と言います。

　Frohe Ostern!　復活祭おめでとう。— Frohe Ostern!　おめでとう。

Tipps

　新年のあいさつのカードには，Ein gutes neues Jahr!, Ein gesundes neues Jahr!, Zum neuen Jahr alles Gute! と書くことが多いのですが，会話では Frohes neues Jahr! と言うことが多いようです。

重要表現

誕生日・結婚式・試験合格など一般的に	それに対する返事
「おめでとう」	
Herzlichen Glückwunsch!	Danke!
Gratuliere!	Danke!
Alles Gute!	Danke!
「誕生日おめでとう」	
Herzlichen Glückwunsch zum Geburtstag!	Danke!
Alles Gute zum Geburtstag!	Danke!
「遅ればせながら，お誕生日おめでとう」	
Nachträglich herzlichen Glückwunsch zum Geburtstag!	Danke!
「あけましておめでとう」	
Frohes neues Jahr!	Frohes neues Jahr!
「クリスマスおめでとう」	
Frohe Weihnachten!	Frohe Weihnachten!
「復活祭おめでとう」	
Frohe Ostern!	Frohe Ostern!

カードを送る場合には，zu を使って，何に対して「おめでたい」のかを明確にします。

誕生日	Herzlichen Glückwunsch	zum Geburtstag!
		zum neuen Lebensjahr!
結婚式		zur Hochzeit!
		zur Vermählung!
試験合格		zur bestandenen Prüfung!
自動車免許試験合格		zum Führerschein!

CD-81 Übung

次の会話を読んで，シチュエーションにあてはまる表現を次頁の **a)** ～ **k)** の中から選んで，下線部に記入してください。

1. ● Hurra! Ich habe die Führerscheinprüfung bestanden!

   ◇ _____ !

2. ● Susanne! Nachträglich _____

   _____ ! Na, wie war eure Hochzeit? Schade, dass ich nicht dabei sein konnte.

   ◇ Das war schön! Das Wetter hat auch gut mitgespielt. Vielen Dank für das Geschenk! Darüber haben wir uns sehr gefreut.

   ● Ach, gern geschehen!

3. (12月23日に)

   ● So, das war mein letzter Arbeitstag in diesem Jahr!

   _____ !

   ◇ _____

   _____ !

4. (12月30日に)

   ● So, das war mein letzter Arbeitstag in diesem Jahr!

   _____ !

   ◇ _____ !

Tipps

ドイツでは12月25日と26日がクリスマスの祭日で，通常，27日から12月31日は仕事となります。また，年明けは1月2日から仕事始めとなります。

101

5. (1月2日に)
- ● Herr Behrens, _____!
- ◇ _____!
  _____?
- ● Danke! Wir hatten schöne Festtage. Sie hoffentlich auch?

6. ● Hast du eine gute Idee? Ich möchte meiner deutschen Freundin eine Karte schreiben. Sie hat gestern das Examen bestanden und damit das Studium abgeschlossen.
- ◇ Ja, dann schreib doch einfach: _____
  _____!
  Jetzt beginnt der Ernst des Lebens. _____
  _____!
- ● Danke! Das schreibe ich!

7. ● _____!
  Alles Gute im neuen Lebensjahr!
- ◇ Danke!

a) herzlichen Glückwunsch zu eurer Hochzeit!
b) Herzlichen Glückwunsch zum Geburtstag!
c) Ein frohes Fest und kommen Sie gut ins neue Jahr!
d) Oh, herzlichen Glückwunsch! Gratuliere!   **e)** ein frohes neues Jahr!
f) Alles Gute auch im Berufsleben!   **g)** Danke! Ihnen auch!
h) Ihnen auch frohe Festtage und einen guten Rutsch!
i) Ich möchte dir ganz herzlich zu deiner bestandenen Prüfung gratulieren.
j) Ein frohes neues Jahr! Sind Sie gut ins neue Jahr gekommen?
k) Guten Rutsch!

解答

1. d)　2. a)　3. c), h)　4. k), g)
5. e), j)　6. i), f)　7. b)

訳例

1. ● やったー！　運転免許の試験に受かった！
   ◇ おめでとう。よかったわね。
2. ● ズザンネ，遅ればせながら結婚おめでとう。結婚式はどうだった？　行けなくて残念だったよ。
   ◇ よかったわ。お天気もよくて。お祝いをありがとう。とてもうれしかった。
   ● どういたしまして。
3. ● さて，今日が仕事納めなんだ。よいクリスマスとよいお年を。
   ◇ あなたもよいクリスマスとよいお年をね。
4. ● 今日が仕事納めだったよ。ではよいお年を！
   ◇ ありがとう。あなたもよいお年を。
5. ● ベーレンスさん，あけましておめでとうございます。
   ◇ あけましておめでとうございます。よいお正月を迎えられましたか？
   ● ええ，とってもよかったです。ベーレンスさんも？
6. ● 何かいい考えがある？　私のドイツ人の友人が昨日試験に受かって，大学を卒業したので，カードを書きたいの。
   ◇ それなら，「(卒業)試験合格おめでとう。これから本当の人生が始まりますね。活躍を祈ります」って書けばいいんじゃないかな。
   ● ありがとう。そうするわ。
7. ● お誕生日おめでとう。これからの一年がよい一年でありますように。
   ◇ ありがとう。

11

ケーキをお願いします
— カフェ・レストランでの会話 —

この課のねらい

ここでは，カフェやレストランで注文するとき，支払うときの表現をおぼえます。

CD-82　**Situation 1**　カフェでコーヒーとケーキを注文する際の会話です。

◇ Bitte schön?
● **Ich hätte gern einen Kaffee, bitte.**
◇ Tasse oder Kännchen?
● Kännchen, bitte. Und ... was für Kuchen haben Sie heute?
◇ Wir haben Apfelkuchen, Obstkuchen, und Käsekuchen.
● Ich nehme dann einen Apfelkuchen mit Sahne, bitte.
◇ Ein Kännchen Kaffee und einen Apfelkuchen mit Sahne. Danke!

　◇ 何にいたしましょう？
　● コーヒーをお願いします。
　◇ カップですか，それともポットで？
　● ポットでお願いします。それから…今日はどんなケーキがありますか？
　◇ アップルケーキ，フルーツケーキ，チーズケーキがございます。
　● ではアップルケーキをいただきます。生クリームをつけてください。
　◇ ポットでコーヒーがひとつと生クリームつきアップルケーキで。ありがとうございます。

解説

　注文を聞きに来るとき，ウェイターやウェイトレスは Bitte schön? と尋ねることがよくあります。Guten Tag, bitte schön? と言うときもあります。そのように聞かれたら，ダイアローグのように Ich hätte gern ... と答えたり，Ich möchte gern ... と答えます。いずれの場合も，その後は einen Kaffee などと4格になります。この場合の einen は「ひとつ」「ひとり分」という意味になります。「ふたつ」だと zwei Kaffee です。
　コーヒーは，カップ (*e* Tasse) と，ポット (*s* Kännchen：カップに2杯強)があるため，Tasse oder Kännchen? と尋ねられました。

　「どんなケーキが今日はありますか?」は，Was für Kuchen haben Sie heute? と尋ねます。お店には複数のケーキがあるので，Was für Kuchen ...? と複数形になっていることに注意してください。また，日常会話では語順が変わり，Was haben Sie für Kuchen? と言うことがあります。

　「～にします」は Ich nehme + 4格です。上のように，Ich hätte gern ... や Ich möchte gern ... と言ってもかまいません。

　フルーツのケーキに生クリームをかけて食べる人が多く，mit Sahne と生クリームを別に注文することもあります。日本の生クリームと比べると，甘みはあまりありません。

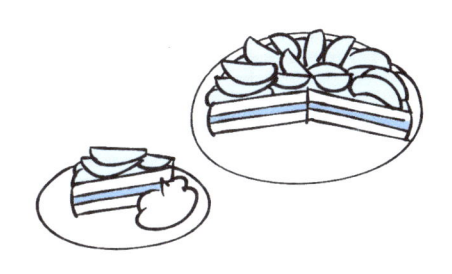

Situation 2　　レストランで食事を注文します。

◇ Guten Tag! Bitte schön?

● Ich hätte gern eine Gemüsesuppe, einen gemischten Salat und ein Rindersteak, bitte. Aber nicht mit Pommes frites, sondern mit Bratkartoffeln, bitte. Geht das?

◇ Das geht. Was möchten Sie trinken?

● Einen Apfelsaft, bitte!

◇ いらっしゃいませ。何にいたしましょう？
● 野菜スープとミックスサラダ，それとビーフステーキをお願いします。(つけ合わせは) フライドポテトではなく，スライスしたじゃがいもをいためたもので。できますか？
◇ はい。お飲み物は？
● アップルジュースをお願いします。

解説

　カフェで注文するときと同じように，Ich hätte gern ..., Ich möchte gern ... と言います。また，..., bitte! と言うこともできます。**eine** Gemüsesuppe, **einen** gemischten Salat, **ein** Rindersteak と，いずれも4格になります。また，この場合の不定冠詞は「ひとり分」という意味になりますが，Einmal Gemüsesuppe, bitte! のように，einmal, zweimal を使うこともできます。

　メニューにつけ合わせが記載されており，別のものに換えてほしい場合は，Aber nicht mit ..., sondern mit ～．Geht das?「…ではなく，～でお願いします。いいですか？」と言います。Geht das? は，「大丈夫ですか？」「可能ですか？」という意味です。
　Pommes frites ［ポム フリット］はフランス語に由来しているため，発音に注意してください。子どもが言うとき，またファーストフードレストランや駅のインビスなどでは，単に Pommes ［ポメス］ と言うこともあります。
　Bratkartoffeln は，じゃがいもをうすくスライスしたものをたまねぎやベーコンと一緒にいためたもので，日本では「ジャーマンポテト」と呼ばれることもあります。

　スープやサラダは「前菜」 e Vorspeise，ステーキは「メインディッシュ」s Hauptgericht，また，「デザート」は r Nachtisch, s Dessert ［デゼーア］，または e Nachspeise と言います。Möchten Sie den Salat vorweg oder zum Steak?「サラダは先にお持ちしましょうか，それともステーキと一緒に？」と尋ねられることもあります。
　「デザートにチーズケーキをお願いします」は，Zum Nachtisch möchte ich gern einen Käsekuchen. と言います。

Situation 3　支払うときの会話です。

● Wir möchten gern bezahlen.
◇ Ich komme sofort! ... So, zusammen oder getrennt?
● Getrennt, bitte! Ich bezahle die Gemüsesuppe, den Salat, die Pizza und das Bier.
◇ Das macht 12 Euro 40.
● 15 Euro, bitte.
◇ Danke! 5 Euro zurück! Und Sie bezahlen den Salat, das Würstchen und die Cola? Das macht 9 Euro 20.
▽ 10 Euro. Stimmt so.

● お勘定をお願いします。
◇ ただいま！ …さて，ご一緒ですか，別々ですか？
● 別々でお願いします。私は野菜スープとサラダ，ピザとビールを。
◇ 12 ユーロ 40 です。
● 15 ユーロでお願いします。
◇ ありがとうございます。5 ユーロお返しです。こちらはサラダとソーセージにコーラですね。9 ユーロ 20 です。
▽ 10 ユーロ，おつりはいりません。

解説

　何人かで食べるときは，「一緒に払うか，別々に払うか」が問題になりますが，別に払うときには Getrennt, bitte! と言います。ドイツのレストランは通常レジではなく，ウェイターやウェイトレスがテーブルに来て，お勘定を計算します。そのため，Wir möchten gern bezahlen. と呼ばなければなりません。

　別に払う場合は，自分の食べたものを言いますが，注文する場合と異なり，**die** Suppe，**den** Salat，**das** Würstchen「(私が食べた) **その**スープ (サラダ・ソーセージ)」と定冠詞になっていることに注意してください。

　レストランやカフェではチップを渡す習慣があるため，「12 ユーロ 40 です」と言われて，20 ユーロ札を出し 15 Euro. と言うと，「15 ユーロ取ってください」という意味になり，5 ユーロがおつりで戻ってきます。9 ユーロ 20 だったら 10 ユーロ渡せばよいでしょう。10 ユーロ札を渡して Stimmt so! と言うと，「おつりはいりません」という意味になります。チップはお勘定の 1 割，またはお勘定とチップを足して切りのいい額にします。つまり端数を切り上げるか，端数を切り上げ，さらに 1 〜 2 ユーロ足すとよいでしょう。チップは Trinkgeld と言います。

重要表現

注文と支払い

カフェで

CD-85

コーヒーをカップ1杯お願いします。	Eine Tasse Kaffee, bitte!
ハーブティーをポットでお願いします。	Ich hätte gern ein Kännchen Kräutertee, bitte!
チーズケーキをひとつお願いします。	Einen Käsekuchen, bitte! Ein Stück Käsekuchen, bitte! Ich hätte / möchte gern einen Käsekuchen, bitte!
生クリームつきでお願いします。	Mit Sahne, bitte!

レストランで

注文したいのですが。	Wir möchten gern bestellen.
スープとサラダとポークカツレツをお願いします。	Ich möchte eine Suppe, einen Salat und ein Schweineschnitzel.
サラダは先にお願いします。	Den Salat möchte ich gerne vorweg.
お勘定をお願いします。	Wir möchten gern bezahlen.
私はファンタとサラダを払います。	Ich bezahle die Fanta und den Salat.
20ユーロ取ってください。	20 Euro, bitte!
おつりはいりません。	Stimmt so!

語彙

e Gemüsesuppe　　　　野菜スープ
r Salat　　　　　　　　サラダ
s Rindersteak　　　　　ビーフステーキ
ein Glas Rotwein　　　　グラス1杯の赤ワイン
e Bratwurst　　　　　　焼きソーセージ
r Kartoffelsalat　　　　ポテトサラダ
s Bier　　　　　　　　ビール

Übung

1. 次の日本語にあてはまるように，ドイツ語を入れましょう．

● Wir möchten gern bestellen!
◇ Ich komme sofort! ... So, bitte schön?
● 野菜スープとサラダ，それからビーフステーキをお願いします．

　　　Ich möchte _____

　　　_____.

◇ Mit Salzkartoffeln oder mit Pommes frites?
● Mit Pommes frites, bitte!
◇ Und was möchten Sie trinken?
● 赤ワインをグラスでお願いします．

　　　Ein _____ !

◇ Und Sie? Was möchten Sie?
● 焼きソーセージとポテトサラダをください．それからビールをひとつお願いします．

　　　Ich nehme _____

　　　_____ !

　　　Und _____ , bitte!

2. 次のドイツ語の会話の空欄にあてはまる表現を，下から選んで記入してください。ただし，ひとつだけ適切でないものがあります。

● _____.
◇ Zusammen oder getrennt?
● _____ !
◇ Was bezahlen Sie?
● _____
_____.
◇ Das macht 16 Euro 40.
● _____ !
◇ Danke schön! Und Sie bezahlen _____ ?
● Ja.
◇ 11 Euro 60, bitte!
● _____ !
◇ Danke! Einen schönen Tag noch!

---

14 Euro. Stimmt so!
　　　　　Wir möchten gern bezahlen.
　　Ich bezahle die Suppe, den gemischten Salat, das Steak und den Rotwein.
　　　　　　　　das Hähnchen und die Cola
　18 Euro, bitte!
　　　　　　Getrennt, bitte!
　　Zusammen, bitte!

112

|解答|

1. eine Gemüsesuppe, einen Salat und ein Rindersteak / Glas Rotwein, bitte / eine Bratwurst und einen Kartoffelsalat, bitte / ein Bier
2. Wir möchten gern bezahlen. / Getrennt, bitte! / Ich bezahle die Suppe, den gemischten Salat, das Steak und den Rotwein. / 18 Euro, bitte! / das Hähnchen und die Cola / 14 Euro. Stimmt so!

|訳例|

1.
- ● オーダーをお願いします。
- ◇ ただいま。…はい，何にいたしましょう？
- ● 野菜スープとサラダ，それからビーフステーキをお願いします。
- ◇ つけ合わせは塩ゆでポテトですか，それともフライドポテトで？
- ● フライドポテトでお願いします。
- ◇ お飲み物は何になさいますか？
- ● 赤ワインをグラスでお願いします。
- ◇ そちらのお客さまは？ 何になさいますか？
- ● 焼きソーセージとポテトサラダをください。それからビールをひとつお願いします。

2.
- ● お勘定をお願いします。
- ◇ ご一緒，それとも別々で？
- ● 別々でお願いします。
- ◇ お客さまは何を？
- ● スープとミックスサラダ，ステーキに赤ワインを。
- ◇ 16 ユーロ 40 です。
- ● 18 ユーロ取ってください。
- ◇ ありがとうございます。そちらはチキンとコーラですね。
- ● はい。
- ◇ 11 ユーロ 60 です。
- ● 14 ユーロ。おつりは結構です。
- ◇ ありがとうございます。よい一日を。

12

久しぶりね。どうしてた？
― 過去のことを話す ―

この課のねらい

　過去のことを話すとき，ドイツ語ではふつう，現在完了を使って表現します。ここでは，現在完了を使って自分がしたことを話す練習をしましょう。

CD-88　**Situation 1**　1年以上会っていなかった知人に会い，「まあ，久しぶり！」と再会を喜んでいる場面です。

- Hallo, Monika!
- ◇ Hallo, Matthias! Mensch! **Wir haben uns ja lange nicht mehr gesehen**.
- Stimmt. Das ist ja eine Überraschung! Wie lange ist das her?
- ◇ Bestimmt über ein Jahr. Was hast du denn die ganze Zeit gemacht?

- やあモーニカ！
- ◇ あらマティーアス！　まあ，久しぶりだわね。
- 本当に。これは驚いたよ。いつ以来だろう？
- ◇ 1年以上は確実よ。ねえ，ずっとどうしていたの？

解説

　「久しぶり」は Wir haben uns lange nicht mehr gesehen. (直訳：私たちはもうずいぶん長いこと会いませんでした) と言います。これに ja をつけることによって、「まあ、久しぶり！」と少し生き生きとした表現になります。また、ただ単に Lange nicht mehr gesehen! と言うこともあります。

　Wie lange ist das her? の代わりに、Wie lange haben wir uns nicht mehr gesehen?, Wann haben wir uns zuletzt gesehen? と言うこともできます。久しぶりに会った人に「会わなかった間、ずっとどうしていたの？」と聞くときには、やはり現在完了を用いて、Was hast du denn die ganze Zeit gemacht? と尋ねます。
　denn には、「ねえ、どうしていたの」という少し親しみのこもったニュアンスがあります。

注
1. **Mensch!**： Oh! と同じ、驚きの気持ちを表します。イントネーションによってはネガティブな驚きにもなるので、注意しましょう。
2. **bestimmt**：「きっと」
3. **die ganze Zeit**：「その間ずっと」

Situation 2　1年以上会わなかったふたりが、それぞれ何をしていたのかを話しています。

- ● Vor einem Jahr war ich mit meinem Studium fertig. Dann war ich drei Monate arbeitslos.
- ◇ Hast du eine Stelle gefunden?
- ● Zum Glück ja. Jetzt arbeite ich in der Sonnenapotheke.
- ◇ Wie gefällt dir die Arbeit?
- ● Sehr gut. Und ... was hast du so gemacht?
- ◇ Meine Mutter hatte einen Unfall und hat ziemlich lange im Krankenhaus gelegen. Jeden Tag bin ich nach der Arbeit zu ihr ins Krankenhaus gegangen.
- ● Das tut mir aber Leid. Und wie geht es ihr jetzt?
- ◇ Danke. Ihr geht es jetzt sehr gut.

- ● 1年前に大学を卒業して、それから3か月仕事がなくてね。
- ◇ 仕事は見つかったの？
- ● 幸いにね。今ゾンネン薬局で働いているんだ。
- ◇ 仕事はおもしろい(気に入っている)？
- ● とっても。それで…君はどうしていたの？
- ◇ 母が事故に遭って、ずいぶん長いこと入院していたの。仕事が終わると毎日病院に行っていたわ。
- ● それは大変だったね(お気の毒に)。それで今は元気になったのかい？
- ◇ おかげさまで、今はすっかり元気よ。

解説

　「大学を卒業する」というのは，一般に das Studium abschließen と言いますが，「大学を卒業した」状態は，fertig mit seinem Studium sein と表現します。「もう卒業したの？」と尋ねるときには，Bis du mit deinem Studium fertig? と言います。

　ドイツ語では過去のできごとを表すのに現在完了が用いられますが，sein と haben，および話法の助動詞では，現在完了ではなく，過去形が用いられることが多くなります。したがって，
　「失業していた」は　Ich **war** arbeitslos.
　「事故に遭った」は　Meine Mutter **hatte** einen Unfall.
となります。

　Wie gefällt dir die Arbeit? は直訳すると，「あなたはどんな風に仕事が気に入っているの？」になり，決定疑問文ではないので，答えは ja / nein とはなりません。同じ意味の質問ですが，Gefällt dir die Arbeit? と決定疑問文で尋ねられると，**Ja**, sehr gut. や **Nein**, nicht so gut. と答えます。日本語で「元気？」と聞く場合の Wie geht's? も同じですね。
　最後に「それでお母さんは今はもういいの？」も **Wie** geht es ihr jetzt? と尋ねていますから，返事は Ja. ではなく，Ihr geht es jetzt sehr gut. となります。
　Das tut mir **aber** Leid. の aber は，「まあ，それはそれは…」と少し驚きの気持ちと，「大変ですね」という相手への気遣いを強調する語です。

Situation 3

「中華料理を食べたことが一度もないけど，あなたは？」という会話です。

- Du, Stephan, **hast du schon mal chinesisch gegessen?**
- ◇ Ja. Sehr oft sogar. Warum fragst du?
- Markus hat mich zum Essen eingeladen. Wir wollen zum Chinesen gehen. Aber ich habe noch nie chinesisch gegessen.
- ◇ Das wird dir bestimmt gut schmecken! Hast du schon mal mit Stäbchen gegessen?
- Mit Stäbchen? Oh, nein. Noch nie. Das dauert doch ewig! Wird man da überhaupt satt?
- ◇ Ach, keine Angst! Du bekommst auch Messer und Gabel, wenn du möchtest. Geh erstmal hin und erzähl, wie dir das Essen geschmeckt hat, ja?

- ねえシュテファン，中華料理食べたことある？
- ◇ うん。何度もあるよ。どうして？
- マルクスが食事に誘ってくれたの。中華料理を食べに行こうということなんだけど，まだ一度も中華料理を食べたことがなくってね。
- ◇ きっと気に入ると思うよ。はしを使って食べたことはあるかい？
- おはしで？ えー，ないわ。食べるのにとっても時間がかかるじゃない。お腹いっぱいになるのかしら？
- ◇ ほらほら，心配しないで。頼めば，ナイフとフォークももらえるよ。まずは行ってきなよ。それから，君の口に合ったかどうか教えて。

解説

次の表現をおぼえましょう。
「中華料理を食べる」　　　　　chinesisch essen
「日本料理を食べる」　　　　　japanisch essen
「ドイツ料理を食べる」　　　　deutsch essen
「イタリア料理を食べる」　　　italienisch essen

「中華料理を食べに行く」　　　zum Chinesen gehen
「中華レストランに行く」
「日本・イタリア料理を食べに行く」
　　　　　　　　　　zum Japaner / zum Italiener gehen
「ギリシャ料理を食べに行く」　zum Griechen gehen
「トルコ料理を食べに行く」　　zum Türken gehen
「フランス料理を食べに行く」　zum Franzosen gehen
「韓国料理を食べに行く」　　　zum Koreaner gehen
「ベトナム料理を食べに行く」　zum Vietnamesen gehen

さて，「〜したことがある」という経験を表すにも，現在完了を使います。経験がある場合は，schon mal「これまでに」，einmal「一度」，zweimal「二度」など，経験がない場合は，noch nie「一度もない」という語を用います。

Das wird dir bestimmt gut schmecken. は，日本語訳が「きっと気に入ると思う」となっていますが，食べ物なので gefallen よりも schmecken を使うほうが自然です。また，この場合の wird (< werden) は，「〜だろう」という「推量」を意味します。

重要表現

CD-91　久しぶりね。　　　　　Lange nicht mehr gesehen!
　　　　　　　　　　　　　　Wir haben uns ja lange nicht mehr gesehen!

　　　　本当にそうですね。　　　Stimmt!

　　　　いつ以来かしら？　　　　Wie lange ist das her?
　　　　　　　　　　　　　　Wie lange haben wir uns nicht mehr gesehen?

　　　　ずっとどうしていたの？　Was hast du denn die ganze Zeit gemacht?

発音

　Situation 2 に Und ... was hast du so gemacht? という表現がありました。自分のことを話した後，「それで？」と言う場合に，und が使われることがよくあります。話題や矛先が変わるので，Und ↗? と上昇調で，その後，少し間をおいてから was hast du so gemacht? と尋ねます。少し，練習してみましょう。

CD-92　　Ich war im Sommer in Spanien. Und ... wo warst du?
　　　　僕は夏，スペインに行っていたんだ。それで？　君はどこに行ったの？

　　　　Ich gehe jetzt zum Arzt. Und ... wo gehst du hin?
　　　　私はこれからお医者さんに行くの。それで？　あなたはどこに行くの？

　ドイツ語で自分のしたこと，起こったことなど過去のできごとを話すときは，過去形ではなく，現在完了を使います。現在完了は，**haben または sein ＋ 過去分詞**でつくります。
　ただし，sein, haben, および話法の助動詞で過去を表すときは，現在完了ではなく，通常は過去形を用います。

Übung

1 次の日本語にあてはまるよう，(　)内の動詞を現在完了または過去形にして入れましょう。

1. 昨日，私は友人と映画に行きました。　(gehen)

    Gestern ＿＿＿＿＿＿＿＿ ich mit meiner Freundin ins Kino ＿＿＿＿＿＿＿＿ .

2. その後，イタリア料理を食べました。　(essen)

    Danach ＿＿＿＿＿＿＿＿ wir italienisch ＿＿＿＿＿＿＿＿ .

3. 食事もおいしく，雰囲気もよかったので，夜11時までそこにいました。
   (schmecken, sein, bleiben)

    Das Essen ＿＿＿＿＿＿＿＿ gut ＿＿＿＿＿＿＿＿ , die Atmosphäre ＿＿＿＿＿＿＿＿ auch sehr schön. Wir ＿＿＿＿＿＿＿＿ bis 11 Uhr abends dort ＿＿＿＿＿＿＿＿ .

4. ワインを飲みすぎたのか，今朝は頭痛がしました。　(trinken, haben)

    Vielleicht ＿＿＿＿＿＿＿＿ ich zu viel Wein ＿＿＿＿＿＿＿＿ und heute Morgen ＿＿＿＿＿＿＿＿ ich Kopfschmerzen.

5. 今日は早く起きる必要がなかったので，少し長く寝ていました。
   (aufstehen müssen, schlafen)

    Heute ＿＿＿＿＿＿＿＿ ich nicht früh ＿＿＿＿＿＿＿＿ , deshalb ＿＿＿＿＿＿＿＿ ich länger ＿＿＿＿＿＿＿＿ .

CD-94 フレーズ

mit meinem Studium fertig sein	大学を卒業する
arbeitslos sein	失業している
eine Stelle finden	仕事を見つける
j³ gefallen	人³の気に入る
einen Unfall haben	事故に遭う
im Krankenhaus liegen	入院する
zu j³ ins Krankenhaus gehen	病院に〜のお見舞いに行く
(j⁴ im Krankenhaus besuchen とも言う)	

CD-95 2

次の会話の空欄にあてはまる語句を下の囲みの中から選び，正しい形にしてください。

- ● Du, gestern habe ich Katrin **1)** _____ !
- ◇ Katrin? Wo denn?
- ● In der Stadt. Ich **2)** _____ in der Buchhandlung. Ich habe ein Buch **3)** _____ . Stell dir vor, da hat sie die Verkäuferin nach dem gleichen Buch **4)** _____ !
- ◇ Das gibt's doch nicht! Wie lange ist das denn her? Sie **5)** _____ doch eine Zeitlang in Frankreich, oder? Ist sie wieder in Deutschland?
- ● Ja. Vor einem halben Jahr ist sie **6)** _____ .
- ◇ Und ... was macht sie jetzt? Hat sie eine Stelle **7)** _____ ?
- ● Ja. Bei einer französischen Handelsfirma!
- ◇ Besser geht's nicht, was? Du, wollen wir noch telefonieren? Ich muss jetzt gehen. Mein Vater **8)** _____ einen kleinen Unfall. Ich muss ihn im Krankenhaus **9)** _____ .

122

zurückkommen	besuchen	sein
haben	sein	suchen
sehen	finden	fragen

解答

1
1. bin, gegangen
2. haben, gegessen
3. hat, geschmeckt, war, sind, geblieben
4. habe, getrunken, hatte
5. musste, aufstehen, habe, geschlafen

2
1) gesehen　　2) war　　3) gesucht
4) gefragt　　5) war　　6) zurückgekommen
7) gefunden　　8) hatte　　9) besuchen

訳例

● ねえ，昨日カトリーンに会ったのよ。
◇ カトリーンに？　どこで？
● 町で。私，本屋に行っていたのよ。そこである本を探していたんだけど，そしたらね，なんと彼女も店員さんに同じ本のことを聞いていたのよ。
◇ そんなことがあるんだね。いつ以来だろう？　確か彼女はしばらくフランスに行っていたんだよね？　もうドイツに戻ったの？
● ええ，半年前に戻ってきたのよ。
◇ それで？　彼女は今，何をしているの？　仕事は見つかったのかい？
● ええ。フランスの貿易会社にね。
◇ それは最高だね。そうだ，また電話で話さないかい？　もう行かないといけないんだ。父がちょっとした事故に遭ってね。病院にお見舞いに行かなければならないんだ。

中級への橋渡し－姉妹参考書

新版　ドイツ語聴き取りトレーニング（CD付）

久保川尚子 著

判型：A5判／並製　176頁
定価：**2,310**円（本体：2,200円＋税）
ISBN：4-384-00794-9 C1084

基礎ドイツ語　文法ハンドブック

岡田公夫／清野智昭 共著

判型：A5判／並製　192頁
定価：**1,680**円（本体：1,600円＋税）
ISBN：4-384-05219-7 C1084

ドイツ語を読む

鷲巣由美子 著

判型：A5判／並製　180頁
定価：**2,310**円（本体：2,200円＋税）
ISBN：4-384-05225-1 C1084

株式会社 三修社
〒110-0004
東京都台東区下谷1-5-34
TEL 03-3842-1711／FAX 03-3845-3965
http://www.sanshusha.co.jp/